朝日新書
Asahi Shinsho 561

夫に死んでほしい妻たち

小林美希

朝日新聞出版

はじめに

2015年6月25日、東京地裁において、ある傷害致死事件の判決があった。2014年に当時70歳の女性が夫（79歳）を殴って死なせたという事件だった。2015年6月26日の朝日新聞によれば、この女性は約50年前に20歳で大手銀行の夫と結婚。36年前に夫の不貞を妻は知ることになったが、そのまま話し合うことなく月日が過ぎた。最近になって思い出話をするなか、夫が時効だと思い、不倫相手への想いや、旅行に行った、プレゼントをしたなどの具体的な話をした。夫が胃がんの手術を受けた後に介護が必要になると、妻の脳裏を36年前の記憶がよぎった。ある日妻は、我を忘れて夫に暴力をはたらき、夫は死に至った。

2012年2月24日の毎日新聞の夕刊コラム「憂楽帳」で、こんな記事が掲載されていた。タイトルは「『夫』で検索」。その内容は、インターネットの検索サイトで「夫」と入れると、その次にくる検索語候補で最初に出てくるのが「死んでほしい」という言葉だということがネット上で話題になっていた、というもの。一方で、「妻」に続く候補は「プレゼント」など好意的な言葉が並び、対照的だったという。コラムでは「わが家だけは別」と根拠のない自信は捨てて妻との関係を良好にしておかないと、そのうち「死んでほしい」と検索されてしまうかも、と結んでいる。

実はそのコラムを読んだ時はピンとこなかったが、筆者がライフワークとする雇用や子育て問題の取材中、ふと、相手の心が開いて余談になると、それまで穏やかに「主人が」「夫が」と話していた相手が、カチンときた様子で「あいつ」呼ばわりするようになる。そして、本気度に差があるものの「死ねばいいのに」と思う瞬間があると口を揃えることに、改めて気づいたのだった。

そんな時に冒頭に挙げた事件を知った。最近は他にも、妻が夫を殺害したり、暴行を加えたというニュースが目立つ。

実際に夫を殺してしまうことと夫に「死んでほしい」と願うことは、もちろん同一視するわけにはいかない。とはいえいったい何が、妻たちをそこまで追い詰めているのか。その原因を紐解いていけば、どの夫婦にも他人事では済まされない共通の問題があるかもしれない。

筆者は、過去に取材で出会った妻たちの言葉に、もう一度耳を傾けようと思った。

＊

夫に死んでほしい――。

本当に夫婦関係が良好で夫を愛している妻や、夫が病気などで少しでも長く生きてほしいと願っていたり、実際に夫を亡くして悲しい想いをしている妻から見たら、信じられない言葉に聞こえるに違いない。

あるいは、そう思うくらいなら離婚すればいい、という反論もあるだろう。しかし、そうした女性には離婚したくても、踏み切れない事情がある。そのなかで「夫が死んでくれれば問題が解決する」と思う人がいることは、決して特別レアなケースではないと筆者は実感を持った。労働問題のサブストーリーが発端となり、その「夫に死んでほしい」と妻が思う理由が社会問題のメインストーリーでもあったのだ。

時代が変わった今も、女性の「寿退社」という言葉に象徴されるような、高度経済成長時代の日本の雇用環境や社会保障制度が温存されている。実はその歪みが、夫婦の問題に集約されている。

本書では第一章から第三章で、夫の何が妻を憤怒させるのかを妻の目線でルポルタージュする。これまでの筆者の著作物とは少し雰囲気を変えて、当事者の発した言葉や胸のうちを、ありのままに近い形で紹介していく。

妊娠中の妻を横目にいつも通りに飲み会に行く、赤ちゃんのオムツを替えない、子どもを保育園に送りはしても残業を調整して迎えに行くことはない――。妻がキレるポイントは数え上げたらきりがない。男性から見たら、「え？　そこで怒る？」と思うかもしれないが、妻が殺意を覚える瞬間は、日常のいたるところに潜んでいる。それらを放置したまま定年退職を迎えようものなら、背筋も凍るほどの妻の怨念が復讐となって夫を襲う。

第四章では男性側の立場から、妻が望むような家事や育児ができない状況を強いる労働環境の問題を指摘する。そして第五章で、妻から死んでほしいと思われないようになるためのヒントも紹介したい。

はたして、本書を手に取る夫婦や夫婦予備軍の「ウチは大丈夫」か⁉

夫に死んでほしい妻たち　目次

第一章

子育てという試練！
そして愛は殺意に変わる

第一話　育児休業という罠——38歳・会社員

「戦場」から逃げる夫

「お前、何やってんの⁉　ふざけんな、死ね‼」

午前7時半、都内のマンションでは、まるで戦場と化したリビングルームで妻から夫へ怒号が飛んでいた。

出勤前の七瀬美幸さん（仮名、38歳）は、髪を振り乱しながら3歳の息子と1歳の娘にご飯を食べさせ、早く着替えをさせなきゃ、と焦っていた。8時には家を出ないと保育園に間に合わない。というか、会社に遅れてしまう。時計を見れば刻々と時間が過ぎていくが、そんな時に限って、「食べないもーん」と息子がすねて、遊び始めてしまう。でも、何も食べないで登園させるわけにはいかない。

気を取り直して、「全部じゃなくてもいいから、ちょっとでも食べようねぇ」と優しいママを演じて「はい、あーーーん！」とオーバーなくらい優しくして、やっと1口、2口食べてくれた。「わあ――、えらいねー！」と、1口食べただけで子どもを褒めちぎる。

よし、とりあえず、ちょっとでも食べてくれればいいか。次は着替えだ！

3歳の息子は自分で着替えもできるはずなのに、全くやる気なし。それどころか、体に触ると身を反転させて、するりと逃げる。素早く走ったかと思えば、カーテンの影に隠れて、ぎゃははと笑ってふざける。この時ばかりは可愛い子どもが悪魔に見えて、こめかみに💢が浮き出てしまう。

――けど、ダメだ。ここで怒ったら泣いてよけい時間がかかる。

ぐっと我慢だ。

「早くお着替えしようねぇ」と、追いかけながらやっとのことでパジャマを脱がして着替えが完了。次は、妹にとりかかるか……。と、思いきや、着替え終わったそばから息子がうんちが出ると言い始め、娘はコップに入った牛乳をこぼして服も床もびちゃびちゃだ。

「ああ、もう！」

その時、夫は、台所に逃げ隠れている。この大変な状況を横目にして、お皿を洗って自分のコーヒーを入れ始めているではないか。

それに気づいた瞬間、美幸さんの心にはっきりとした殺意が芽生えた。

――はあ⁉　なんで今、皿を洗ってんだよ、てめー。近くにいてわかんねーの？　大変なのっ。しかも、コーヒー入れてんじゃねーよ？　も〜！　早く手伝えよっ‼

子どもの前だから、その言葉をいったんは飲み込んだ。夫は独身時代からお茶フェチ。紅茶、緑茶となんでも、きちんと茶葉に適した温度のお湯で入れ、ストップウォッチできっかり時間を計っている。出産前は、仕事の合間に美味しいお茶を入れてくれてよかったが、「子どもが生まれてから、同じようにいかないでしょっ」と、いつもイライラする。そんな美幸さんの心境に気づかないのか、気づかぬふりをしているのか、夫は台所から出てこない。息子のうんちが先か、娘のこぼした牛乳をふくのが先か……。

「パパ！　ちょっと来て！」と叫んでも、「ちょっと待ってて〜」と呑気な返事。

その時、ぷちんと、何かが切れた。この日、ついに鬼の形相となるのを抑えられず、出た言葉が冒頭の「ふざけんな、死ね‼」だった。その言葉を発した瞬間、何か溜まっていたものが、そぎ落とされているような気分になった。もう、夫を愛しているなんて思えない。いや、思えなくて当然だ、と、納得する自分がいた。子どもは豹変したママに固まっていた。

共働きは当たり前の時代

筆者と同世代の美幸さんに取材中、ふと、あるCMを思い出して盛り上がった。

♪タンスにゴン、タンスにゴン。亭主元気で留守がいい。

そんなCMが子どもの頃にあったっけ。まだ日本の夫婦関係が平和だったように思えてならない。

「今や、そんなの通り越して、夫に死んでほしいと願う妻となってしまった」と、美幸さんは苦笑いした。

「タンスにゴン」とは、KINCHO（大日本除虫菊株式会社）の代表的な衣類防虫用品のこと。1986年に、高度成長期の一般的なサラリーマンと専業主婦の世帯をモデルとして、中年の妻たちが町内会で「亭主元気で留守がいい」と唱えるコミカルなCMが流行した。

美幸さん自身、サラリーマンと専業主婦の両親という団塊世代に典型的な家庭で育った。いつか結婚して、出産してという未来を思い描いていた。母親と違ったのは、自分は結婚しても広告会社で働き続け、それを天職と思って子育てしながら働き続けていることだ。

実際、タンスにゴンのＣＭが流れていた頃はまだ専業主婦世帯のほうが多かった。「男性雇用者と無業の妻からなる世帯」（以下、専業主婦世帯）と「雇用者の共働き世帯」（以下、共働き世帯）の推移を見てみよう。総務省「労働力調査」（２００１年以前は「労働力特別調査」）によれば、１９８０年を見ると専業主婦世帯は１１１４万世帯で共働き世帯６１４万世帯の2倍近くだったが、90年代に両者はもみ合い、１９９７年に完全に逆転した。その後、共働き世帯が増えていき、２０１４年では専業主婦世帯が７２０万世帯、共働き世帯が１０７７万世帯となって立ち位置が入れ替わった。もはや、共働きは当たり前の社会となっている（図１－１）。

ここ最近まで、女性が働く理由に「経済的」な困窮があるからやむを得ないというムードがあり、実際の調査などでも経済的なことを理由に共働きをしている傾向がある。男性の雇用も不安定となった今、仕方ないかもしれない。ただ、憲法でも「教育」「勤労」「納税」は国民の三大義務とされ、これは男女の関係はないはず。とすれば、女性が妊娠し出産して子育てをしても当たり前のように働き続けられるはずだが、子育て中の女性が働く理由が経済的不安定ではなく「仕事が好きだから」という場合、「女性（母親）のわがまま」と見られがちだ。

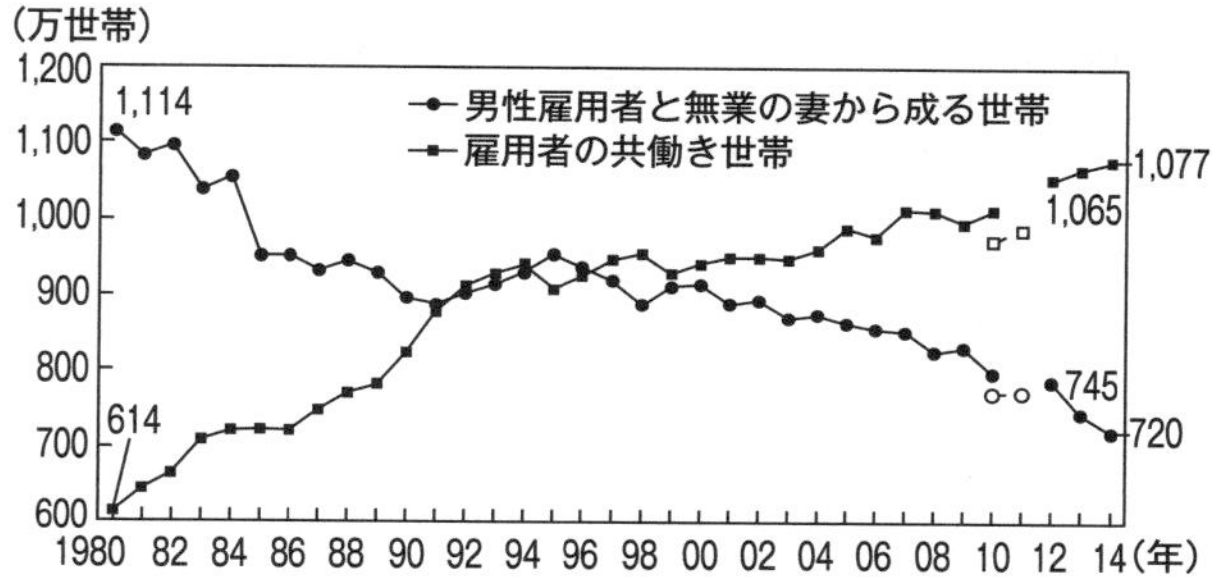

［図 1-1］**専業主婦世帯数と共働き世帯数の推移**

※2010年及び2011年の数値は、岩手県、宮城県及び福島県を除く全国の結果。
出所：内閣府「男女共同参画白書 平成27年版」

しかし、１９８６年に男女雇用機会均等法が施行されて30年経った今、女性が自らの前向きな意思で働き続けることを求めているケースが増えている。連合（日本労働組合総連合会）が行った「第3回　マタニティハラスメント（マタハラ）に関する意識調査」（２０１５年8月）では、「女性が働くことと子育て」についての質問に対する答えが、「できるなら、自分の希望として働きながら子育てをしたいと思う」が51・４％と過半数を占め、「経済的な理由で働きながら子育てをしなければいけないと思う」（36・９％）を大きく上回った。そのくらい、現在の子どもを望む世代にとって就業継続は当たり前だという意識がある一方、詳しくは後述するが、第1子の出産を機に働く女性の6～7割が無職になっている現実を考えると、潜在的な共働き世帯はもっと多いと見ることができる。

それゆえに、美幸さんをはじめ今、子育てが真っ最中の世代は、自分たちが子どもの頃の親とは全く違った社会情勢のなかにいて、それが家庭にも大きく影響しているのだ。特に、働きながら女性が妊娠し、出産し、子育てしていくという過程を、多くのその親たちが知らないため、「タンスにゴン」という古き良き（?）時代とは違う世界を味わい、戸惑いや苛立ちが生じているのではないだろうか。

幸せから「産後クライシス」へ

話を戻そう。

妊娠中、夫は美幸さんの大きなお腹に嬉しそうに「早く出ておいで」と話しかけ、2人は幸せそのものの夫婦だった。夫は「重いものは持つな」と、スーパーの買い物袋1つだって美幸さんに持たせせない。転ぶと危ないから階段は使わず、エレベーターを探す夫。ドアがあればレディファーストで開けて待っていてくれ、歩く道に段差が少しでもあれば手を引いてくれた。

——ああ、あの時は幸せそのものだったのに。

いつしかそんな夫はどこかに消えてしまった。今や「てめぇ、死ね、こいつ！」としか思えないのはなぜ？　でも、夫は産後に積もり積もったこの怨念のような気持ちに気づかないだけ。予兆はあったし、何度も警告したんだってば、といつも思うが夫の言動は直らない。

こうした美幸さんの気持ちの変化を表すかのような調査がある。ベネッセ次世代育成研究所による夫婦300組を対象とした「第1回妊娠出産子育て基本調査・フォローアップ調査」（2006〜2009年縦断調査）の中の「はじめての子どもを出産後の夫婦の愛情の変化」を示す数値だ（図1-2）。

この調査では、「配偶者といると、本当に愛していると実感する」という割合は妊娠期では夫婦ともに74・3％だが、出産後、妻の愛情は急激に低下していく。子どもが0歳児期で夫は63・9％に対し妻は45・5％、1歳児期で夫は54・2％となり妻は36・8％。2歳児期では夫の下がり幅は低下して51・7％にとどまるが、妻は34％まで落ち込む。これは「産後クライシス」とも呼ばれている現象だ。

筆者は、妊娠期の74・3％という数字が高いかどうか検証することも必要だと見ている。つまり、妊娠しても4人に1人は「配偶者を本当に愛している」とは思っていないのだ。

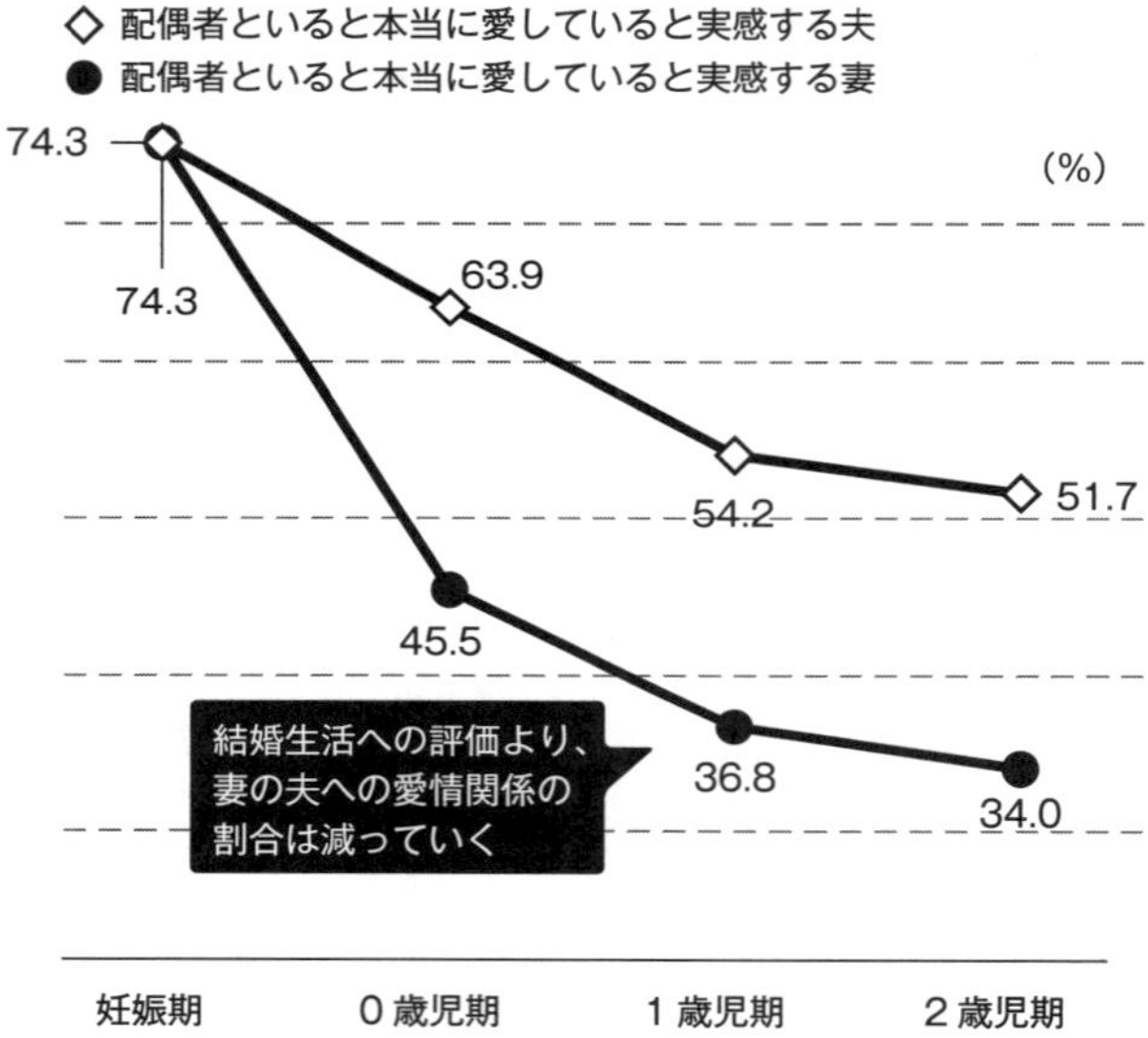

［図 1-2］**配偶者に対する愛情の変化**

出所：ベネッセ次世代育成研究所「第1回 妊娠出産子育て基本調査・フォローアップ調査（妊娠期〜２歳児期） 速報版」

前述の美幸さんも、振り返ると、結婚した時から、夫に死んでほしいと思うようになる前兆があったような気がしてならないのだ。

独身時代、会社に寝泊まりも当たり前の業界にあっても恋に積極的だった美幸さんは、仕事の合間を縫っては合コンに出て華やかな恋愛もしていた。そんな時に、仕事の取引先で偶然、初恋の男性と再会。互いに「運命の再会だ」とすぐに恋に陥り、結婚を考えた。半同棲生活を始めると、仕事で帰りが遅くなる美幸さんのために彼がご飯を作って待っていてくれる。たまの休日に美幸さんが疲れ切って昼まで寝ていると、洗濯もしてくれる優しい彼。その幸せは長くは続かず、すれ違いの生活に彼から別れを告げられた。仕事好きの美幸さんに、彼は「今はいいけど、結婚したら、パートくらいで働いて家にいてほしいと思っていた」と言った。失恋の痛手は大きかった。28歳の時だった。

団塊世代の両親の影響から、20代のうちに結婚して、子どもを作って……というイメージを植え付けられ、そこから抜け出せないでいた美幸さんは「今から恋愛をゼロからスタートさせて結婚なんて無理じゃないか」と半ばあきらめ、仕事に生きようと覚悟を決めた。そんな矢先、同じ会社の9歳年上の先輩が「いつも良い仕事しているね」と声をかけてくれた。仕事が終わった深夜0時から飲みに出かけ、仕事の話で盛り上がるうちに自然な形で恋愛関係になった。サービス残業も土日の出勤も、彼も仕事していると思うと楽しく感じる自分がいた。ぎりぎり29歳のうちに結婚。

しかし、婚姻届を出す時に、問題が起こった。

結婚式前日の押し問答

「夫とは年齢も離れていたし、両親や周囲の刷り込みから結婚したら自分が姓を変えることが当たり前だと思っていたけれど、いざ婚姻届を書く時に、なんで私が姓を変えなきゃいけないの？という理不尽さに気づいた」と美幸さんは今でも納得がいっていない様子だ。

本来なら、幸せの絶頂を感じながらサインする婚姻届だが、その時まるで北極圏のような寒さのなかに2人はいた。

「ねぇ、なんで私が姓を変えるの？　嫌だから、あなたが変えてよ」と、美幸さんが素朴な疑問を投げかけると、夫はこう答えた。

「は？　女が変えるのが当たり前だろ。俺に婿養子になれっていうの？　俺の親になんて言えばいいんだよ」

その言葉に美幸さんは唖然としてしまった。

「は？って何!?　女が変えるのが当たり前？　そもそも婿養子になれなんて言ってないじゃん」

押し問答が続いたが、明日は結婚式。

心の中で「なんだよ。こんな器の小さい男と分かっていたら、結婚しなかったのに」と思ったが、もう逃げられない。「いいや、とりあえず20代で結婚できたから、理由をつけてすぐ離婚しちゃえ。そうすれば名前は戻るし」と、妥協した。

美幸さんの夫は、姓のこと以外では美幸さんと大きな意見の相違もなく、優しく、仕事にも理解がある。職場では、給与の振込口座は戸籍名の口座への変更を求められたが、それ以外の営業活動は〝通称〟つまり旧姓のままで良かった。「とりあえずは、いいか」と、しばらく平穏な日々を過ごした。

妊娠中でも夫は平然と飲み会に

いつか子どもを産みたいとは思っていたが、連日連夜、終電帰りではなかなか難しかった。何より、「すぐに別れちゃえと思っていたから、離婚しやすいように2年は子どもを作らないでおこうと思った」という美幸さん。その2年が経って、離婚しないでやっていけるかと確信した頃から、婦人科クリニックを受診し、市販の排卵検査薬を買って排卵日を調べてみたりと、子作りに積極的になった。

いわゆる〝妊活〟(妊娠や出産を意識した行動)だ。明治安田生命福祉研究所が2013

年に行った調査によると、20〜30代の女性で既婚の8割、未婚の6割が、妊活を経験している（「第7回 結婚・出産に関する調査」）。

結果、34歳で妊娠。幸せを感じる日々を過ごす一方で、夫に対する恨みは募り始めていた。

妊娠が分かってすぐ、美幸さんは飲み会を次々にキャンセル。取引先との食事も極力、避けた。行かなければならない時もあったが、妊娠初期の頃は、相手によっては妊娠していることなどプライベートなことを言えない場合もあるため、「風邪気味で」とお酒を断った。世のおじ様たちやアルコール大好きの相手は、美幸さんの妊娠に気づくわけもなく「飲めばアルコール消毒だ」とお決まりのセリフとなって、そこを断るのがまた不自然で苦労した。それまで、豪快にお酒を愉しんでいた美幸さんにとって我慢は辛かったが、胎児のためだ、仕方ない。仕事では短めのスカートにハイヒール姿だったが、「冷えは良くないだろう」と、パンツスーツとローヒールに変えた。

そんなコツコツとした努力をしているそばで、夫は平然と飲み会に行き続け、帰りは午前様だ。プチプチとした怒りを感じると、急にはらわたの煮えくり返る思いがした。

「私だって行きたいのに、あんただけ、普通に飲み会に行ってるんじゃねえよ！」

美幸さんが苛立って喧嘩になると、夫の決まり文句が帰ってくる。

「同じ会社にいるんだから分かるだろ。仕事なんだから仕方ないじゃん。飲み会行かないで左遷されてもいいわけ？」

子どもが生まれるのにそれは困る。心の中で「卑怯者」と繰り返すしかなく、ますます恨みが募った。

妊婦健診も完全に幸せを感じる時間にはならなかった。健康保険証は戸籍の名前のため、夫の姓となっている。名前を呼ばれるたびに「私の名前じゃない」と感じて暗い気分になった。美幸さんの旧姓と同じ人が呼ばれると、思わず自分のことだと思って間違って診察室に入るくらいだった。夫に「いっそ事実婚にしよう」と切り出すと、「そんなことしたら、非嫡出子になっちゃうから子どもが可哀そう」と、もっともらしく返された。

「今に見てろ。産んだら仕返ししてやる。離婚だ、離婚」と、腹をくくった。

日本の場合、「子どもをもつ＝結婚」という意識が高く、実際、「でき婚」も増加している。その一方で、事実婚も社会的に認知されているため、夫婦別姓を貫きたい、婚姻届を出す意味を感じないなどの理由で事実婚にし、自治体に「未届の夫・妻」として登録することで、夫婦と同じように扱われるケースも増えている。この場合、税制以外の社会保険や年金制度が法律婚と同等に扱われる。事実婚で生まれた子どもは非嫡出子となってしまうが、2013年に最高裁は、嫡出でない子の相続分を嫡出子の2分の1に定めた民法の規定は違憲であるとして、2013年9月5日以降の相続について、非嫡出子も嫡出子と同じ相続分となった。

そうしたことを知らなかった美幸さんは、夫の言うイメージに負けてしまい、事実婚への変更を強行できなくなってしまった。

悪阻《つわり》がひどくて何も食べられないでいた時、夫は「代わってあげられなくてごめんね」と口では言うものの、すぐ隣でバクバクと食事をしている。そこにもイラっとする。せめて、どこか外で食べてきてよ……。外食したらしたで、美幸さんには弁当の1つも買ってはこなかった。美幸さんが「私もお腹空いたんだけど」とぼそっと言っても、夫は「だって食べられないと思って」。それはそうかもしれない。でも、何かいるか聞いてくれても良いのではないか。美幸さんは「食べ物の恨みは怖いよ」と睨みをきかせると、夫は慌てて買い出しに走った。

妊娠後期になり、お腹の大きさが目立ってくると、夫は出産への期待が高まり、暇さえあればお腹の中の赤ちゃんに話しかけるようになった。前述したように、身重の美幸さんが転びはしないか常に気遣ってもくれる。2人の姿はまるで絵に描いたような幸せな夫婦で、美幸さんは「これなら幸せな家庭が築けるかも」と、感じるようになっていた。

しかし、その期待はすぐに裏切られていく。

立会い出産なのに1人で産んだ気に

美幸さんは、妊娠する前から夫に、立会い出産をしてほしいと話していた。初産だから、きっとひどく痛いに違いない。出産にはリスクもつきものだ。

美幸さんが立会い出産を望んだのは、産みの苦しみをしっかり見てもらわないことには、産み育てる女性のことをきちんと理解して育児に協力しないだろうと思っていたからだ。

ところが陣痛が始まり、いざ病院の分娩室に入ると、夫はオロオロするばかり。美幸さんは、耐えがたい痛みに我を忘れて、まるで野獣のようにうなるしかなかった。夫はそれに引いたのか、遠慮して離れたところで座って見ているだけ。助産師に誘導されて、やっと腰をさすったりするものの、全く痛みが緩和しない美幸さんがイライラして「あっち行ってよ」と叫ぶと、その言葉通りに分娩室を出てしまった。もう赤ちゃんの頭が出てきた、というところで夫は分娩室に戻ったが、美幸さんは「1人で産んだ」気がした。

産後は頻回授乳が待っていた。出産前は、1日に10回から15回も新生児がおっぱいに吸い付くとは予想もしていなかった。母乳育児をしたいと考えていたし、母乳の出も良かったため、粉ミルクは使わずに育て始めたが、分からないことだらけ。授乳は3時間おきと聞いていたのに、個人差があり、美幸さんの赤ちゃんは1時間くらいで泣いて、おっぱいを吸わせると落ち着いて泣き止む。深夜も1~2時間おきに授乳。毎日とにかく眠くて仕方ない。

母乳には多くの利点があり、愛着形成はもちろん、栄養の吸収率の良さなども指摘されている。母乳と粉ミルクは「栄養素」で言えばほぼ同じだが、母乳には粉ミルクに唯一真似のできない免疫が含まれており、赤ちゃんが6か月以上母乳を飲んでいると、病気などにかかりにくいことが実証されている。さらに、新生児の脳神経のシナプスの拡大期は生後6か月までをピークとしているため、乳首を吸うことも顎の発達や知能の向上に良いとされていて、授乳しながら話しかけたりすることを美幸さんは頑張っていた。

その頃、仕事がちょうど繁忙期にあった夫は、あまり家にいなかった。産褥と言って産後に分娩前の体に戻るまでの期間は「床上げ」と呼ばれ、褥婦（母親）は、できれば、ずっと布団の中で療養したほうが良いと言われている。この約1か月の間、家事などはせずに、赤ちゃんの世話だけに集中する。それだけ出産で使うエネルギーは大きいからだ。当初は夫が休暇を取って家事をこなすはずだったが、その夫がいない。赤ちゃんが寝た隙に自分も寝ないともたず、ノイローゼ寸前になった。また、とにかくお腹が空く。出産前の2〜3倍食べても体重はみるみるうちに10キログラムも落ちていった。

実家の支援を拒む夫

産後うつは女性の1割が経験するとも言われており、最近では、夫の側も2割近くが産後うつ傾向になるとの研究結果も判明している。美幸さんにとっても他人事ではない。

「これでは産後うつになる」と、実家の母親に助けを求め、家に泊まり込んでもらった。すると、それまで愛想の良かった夫の態度が急変。せっかく手伝いに来てくれた美幸さんの母親に、「この皿は使うな」「洗濯しないでほしい」とあれこれケチをつけたり、文句を言うようになった。しまいには、美幸さんに「いつ帰ってもらうの？　早く帰ってもらってよ」とまで言う。気を遣うのが嫌なのか、夫は全く家にいなくなった。

「自分は家事できるわけ？　早く帰れるの？」

疲れ切った娘を心配してやって来てくれている親の悪口を言われて、気分が良いはずがない。なんだか憎悪の気持ちさえわいてくる。ちょっと近くのコンビニに買い物に行く美幸さんの姿を見た夫は「お義母さんがいなくても、もう動けるじゃん」と平然としている。「いつか絶対に離婚だ」と心に誓った。産後に無理をすれば、のちのち自分に跳ね返ってくると助産師も言っていたため、「産んだ私の親に手伝ってもらうのが、一番良いのに！私が死んでもいいわけね」と感じた。

国立社会保障・人口問題研究所（社人研）の「第5回全国家庭動向調査」（2013年実施）では、妻が誰に支援を頼むのか尋ねている（複数回答）。「出産や育児で困った時の相談」で最も多いのが「親」で46・9％。「夫」は37・8％だった。「世話的サポート（長期的な世話）」についても、「平日の昼間」「第1子が1歳になるまで」「第1子が1歳から3歳になるまで」「妻が働きに出るとき」の子どもの世話を支援するのは、いずれも「親」が5～6割を占め、「夫」は20％台にとどまる。妻の親のサポートなしに、この国では育児も仕事も支えられないのも同然だ。

妻の育休が助長する「ジェンダー・ロール」

育児休業を取るか取らないかでも、もめた。子どもは5月に生まれたため、保育園に入ることができるのは翌年の4月だろうと予想していた。ただ、仕事好きの美幸さんは、出産前には1年も休みを取ることをイメージできず、「せいぜい半年くらいで職場復帰したい」と考えていた。夫に「半年か1年の育児休業を取って」と打診すると、「クビになる」「左遷されてもいいの?」と頑なに拒否する。

「だって、後輩の男性社員は2か月育休取ったじゃない。なんで、あなたが取れないのよ」と詰め寄ると「20代と40代では話が違う」と、煙たがる。「女が育児休業を取って休むのが当たり前だと思ってないでしょうね」と言い返せば、「じゃあ、収入が減ってもいいわけね。養ってくれるの?」「それがきっかけで俺が降格になったらどうすんの」と、開き直る。

賃金だけ見れば、年齢の差がある分、夫のほうが高かった。釈然としない思いで、美幸さんが年度末まで育児休業を取ることになった。

1996年度から2014年度の育児休業の取得率を見ると、女性は49・1%から86・6%に上昇したが、男性は0・12%から2・3%に増えただけだ。

そこには、男性が育児休業を取ることへの職場の無理解もあるだろうが、男女の賃金格差も大きな要因となっている。

国税庁の「民間給与実態統計調査」（2014年分）を見ると、全体の平均給与は男性514万円、女性272万円だ。これを勤続年数で分けた場合、男女ともに勤続年数30〜34年が最も高く男性739万円、女性401万円。ところが、男性は勤続年数が5〜9年のうちに年収456万円になっており、女性をあっという間に抜いているのが現状だ。

育児休業中に給付される育児休業給付金は、休業開始から半年間は休業前の月額賃金の67%となり、それ以降は同50%となる（全体で1年まで給付される）。賃金の高い男性のほうが減収が大きくその分家計は厳しくなるから、男性が取りづらいという背景もある。

美幸さん夫婦も結局は美幸さんが育児休業を取った。その間は、まるで専業主婦のような生活を送った。愛おしいわが子の毎日の変化を見ていくのは、それはそれで楽しくもあったが、すっかり「ジェンダー・ロール」ができあがってしまった。

ジェンダー・ロールとは、性別による役割分担のことを指す。育児休業期間に、それまで働いていた妻の生活パターンが専業主婦のようになってしまい、男性がそれに慣れることで妻の職場復帰後も家事や育児がそのまま妻の役割となってしまうことが多いようだ。

長年共働き夫婦を見てきた、都内のある保育園の70代の現役園長は、こう話す。

「妻が育児休業を取っている間は、ある意味で夫は楽ができる。その生活に慣れ切ってしまい、いざ、妻が職場復帰すると急激な変化に男性は戸惑ってしまう。

多くのお母さんたちが4月に職場復帰する。4月の間は、お父さんも緊張して頑張って保育園の送り迎えをするから、5月の連休くらいまでは夫婦の仲も案外うまくいく。けれど、だんだん保育園に慣れてくると、男性は〝自分がいなくても大丈夫〟と思ってしまう。

子どもができる頃は、男性も社会人として油がのってきて大きな仕事を任される時。どうしても長時間労働になりがちだ。そこで、お父さんが残業したり、飲み会に出たりし始め、負担が偏るお母さんの怒りが6～7月頃に爆発して〝離婚だ！〟ともめるパターンがある。本来は、育児休業の間に夫婦で役割分担を決めて、お母さんの職場復帰に向けて家事や育児にお互いが協力していくことが必要だ」

育児は〝サービス〟なのか？

まるでこの園長の話を再現するかのように、体力回復後の美幸さんは、それまで通り家事をこなした。妻がご飯を作り、朝は送り出してくれて、夜も自分の帰りを待ってくれている。そんな生活を夫は内心喜んでいるように見えた。休日に「家族サービスだ」と言って、張り切って赤ちゃんの相手をして、家事もしたりする夫の姿を見ると、なんだよ、こいつ、と舌打ちしたくなる。

――家族〝サービス〟ですか？　この人、もしかすると、専業主婦タイプの女性と結婚したほうが良かったのでは……。

そんな想いが頭をかすめた。

ところが夫の〝家族サービス〟に乗じて子どもを預けて1人でリフレッシュに外に出ると、1時間もしないうちに携帯電話が鳴って呼び戻される。これではまるで、医師や看護師の「オン・コール」状態だ。搾乳した母乳を冷凍しておき、それを温めて哺乳瓶で飲ませればよいようにしていても、夫は「飲んでくれないから泣き止まない」と訴えてくる。

母乳で育てられている赤ちゃんが哺乳瓶を嫌がって飲めないことはあるが、美幸さんが練習として搾乳した母乳を哺乳瓶であげて、飲まなかったことはない。夫のやり方が悪いのではないかと疑って目の前でやらせてみると、シーンと緊張しながら口に哺乳瓶を当てているだけ。「ちょっと！『美味しいねー』とか、『はい、あーん』とか言えないの？」と哺乳指導をするはめになった。

何度も練習してやっと哺乳できるようになったが、夫が抱っこしても泣き止まないことが多い。だから、美幸さんが1人で外出しようとすると「泣くから、見られない」と情けないことを言い、「一緒に連れてって」と泣きそうな顔をする夫。おいおい、いったい、誰の子どもだ？

「ああ——、もう、いい……」

美幸さんは、夫の休みの日も常に抱っこ紐で子どもと一緒に過ごす日々を送った。

保育園は「お迎え」してナンボ

生後半年くらいして離乳食を始める頃、また美幸さんのイライラと夫に殺意を感じる回数が増えていった。子どもは、親のお皿にある食べ物に興味をもち、食べようとする。そのため美幸さんは、離乳食に近い薄味の料理を食べていた。一緒に食卓を囲んでいれば、当然子どもは夫の皿にも手を出そうとするが、そんなことはお構いなし。ナポリタンやグラタンを食べればタバスコ、カルボナーラにはコショウ、うどんには唐辛子。そういう時も、「あんたって奴は」と怒り心頭だ。美幸さんの空想の世界では既に何度も殺人事件が起きている。ただ、これらは「夫に死んでほしい」と思う序章にすぎなかった。

育児休業が終わり、職場復帰すると保育園の洗礼が待っていた。初めて保育園に預けられると、慣れない環境に体調を崩しやすくなる子どもが多く、半年くらいは急な発熱や感染症を覚悟しなければならない。梅雨時から夏にかけてはアデノウイルス感染症（プール熱）、手足口病、ヘルパンギーナ、秋口から冬にかけてはRSウイルス、インフルエンザ、ノロウイルスと、数えればきりがない。感染症ごとに登園してはいけない日数が設けられているため、その期間は当然、親も会社を休まなければならない。

4月、美幸さんの子どもも登園して3日目に38度の熱を出してしまった。なんの話し合いをするでもなく、夫は「あとはよろしく」と当然のように出社し、美幸さんが会社を休んで子どもを小児科に連れていった。それも、復帰後まもなく仕事も本格始動していないからやむなしとのみ込んだ。

美幸さんの子どもは保育園になかなか慣れず、送っていっても「ママー」と号泣して離れない。美幸さんが会社の育児短時間勤務の制度を利用して、1日の労働時間の下限となる6時間勤務に切り替え、午後4時半に退社してお迎えに行くようにした。毎日が終電帰りだった独身時代とはまるで違う生活。まだ明るいうちにデスクを離れて帰宅することに罪悪感さえ覚えたが、お迎えに行くと子どもは「ママー！」と満面の笑みで走って抱き着いてくる。

「まだ1歳になるかならないか。可愛い盛りだし」と、仕事との狭間で複雑な思いを抱えた。仕事があること、そしてそもそも親であることでは、母親も父親も同じ。それなのに、母親だけ、女性だけに育児がのしかかる。保育園で熱が出たといっては当然のように、まず最初に母親の美幸さんに電話がかかってくる。保育士はなぜ、父親に連絡しないのか。保育園からの電話に慌てる気持ちが、父親には分からないままとなる。

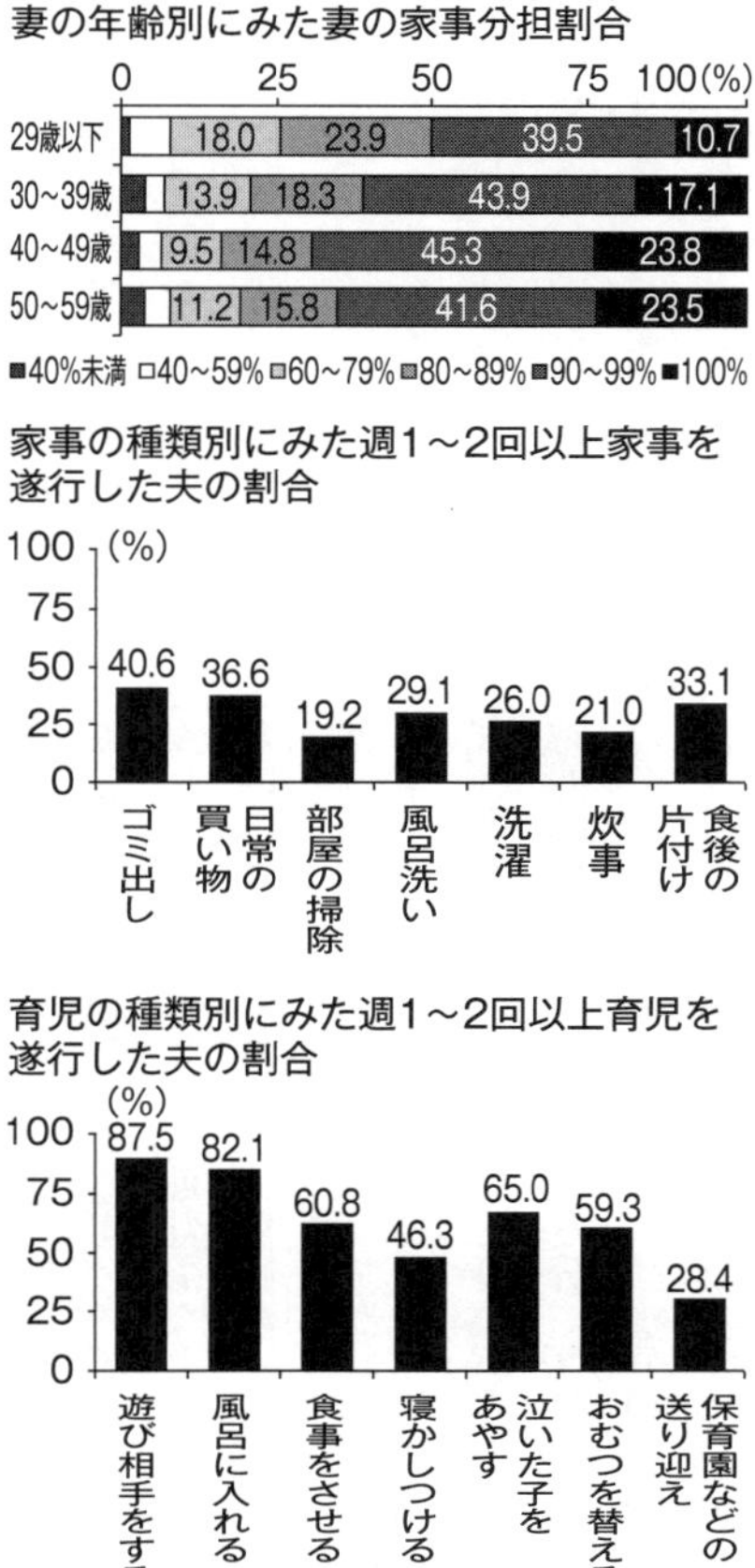

［図 1-3］**夫と妻の家事・育児の分担**

出所：国立社会保障・人口問題研究所
「第5回全国家庭動向調査 結果の概要
(2014年8月8日公表)」

一方で、「子育てのほとんどすべてを母親である私が担っているのに、役所の保育課からの書類はすべて父親の名前で来る」と、封書の宛先を見るだけで不満が募る。

子どもに何かあればすべて美幸さんが仕事を調整し、定期健診などもすべて美幸さんが連れていく。夫はすっかり、子どものことはすべて妻任せと化した。美幸さんの始業時間が早い時などは、たまに夫が保育園に送っていくが、それだけでイクメン気取りだ。保育園でも、父親が送り迎えするケースは増えてはいるが、まだまだ母親の役割だ。

前に触れた社人研の「第5回全国家庭動向調査」では、夫と妻の家事や育児の分担についてまとめている。妻の1日の家事時間の平均は、平日280分、休日298分。家事分担の割合では、妻が85・1%にも上る。妻の年齢別に見ると、家事分担の割合が100%という夫婦も決して少なくない。29歳以下で10・7%、30〜39歳で17・1%、40〜49歳で23・8%、50〜59歳で23・5%もあるのだ。妻の家事分担の割合が90〜99%が最も多く、どの年齢層も4割前後を占めている（図1-3）。週1〜2回以上夫がする家事といえば、「ゴミ出し」（40・6%）と「日常の買い物」（36・6%）だ。

同調査によれば、育児分担の割合は、妻が79・8%、夫が20・2%となり、その内容にも大差がある。週1〜2回以上育児を遂行した夫の割合で、最多は「遊び相手をする」

（87・5％）で、次いで「風呂に入れる」（82・1％）と、いわば〝おいしいところ〟を持っていっているだけで、最も少ないのが「保育園などの送り迎え」（28・4％）だった。

こうした現状に、美幸さんも憤りが抑えられない。

「時間が決まっている送りは誰だってできる。なんとか効率良く仕事して残業しないで帰り、子どもをお迎えに行ってナンボじゃないのか」と、送りだけしている他の父親たちを見るだけでも納得いかなくなる。美幸さんが夫に、「お友達のパパはお迎えだって来てるよ」と不満を漏らすと、「なんの仕事をしてるんだろうね。暇なのかね」と偉そうな口ぶり。ここでも、「もう、あんた死んでくれ」と思ってしまう自分に気づく。いけない、いけない。こんな人でも人手は必要。我慢、我慢。と自分に言い聞かせるしかない。

住宅購入という転機

もはや夫は完全に異性ではなくなった。ただ、どうしても2人目が欲しい美幸さんは考えた。

「子持ちで今さら離婚したところで、再婚して子どもを作るなんて無理。とにかく、今の夫と2人目を作るしかない」

なんとか夫婦生活に持ち込んで、2人目を妊娠。これで欲しいものは手に入った。いつ離婚してもいいかと思ったが、まだまだ手のかかる息子を見ながらの生活は1人では送れない。ましてや、娘が生まれると、2人の子育ては想像以上に目まぐるしい毎日となった。妹ができて息子はジェラシーを感じている様子で、ますますママっ子になっていく。美幸さんがトイレに行く時でさえ、片時も離れずついてくる。何をするにもママ。妹の授乳をすれば、息子もおっぱいに吸い付く。息子がべったりの時は夫に娘を見てもらわないことには、気が狂いそうだ。しかし肝心の夫は、世話をするのが面倒なのか「ママがいいよねっ」とニコニコしながら子どもに同意を求めて美幸さんに押し付ける。

最近、何回温かいままのご飯やみそ汁を食べられただろうか。息子に「あーん」次は娘に「あーん」と、まるで親ツバメが子ツバメに、次々に食べ物を運んで口に入れているようで、自分のことは二の次、三の次。まともにご飯を食べた記憶がない。

ああ、焼き魚なんて骨をいちいち取っていられないから食べられないけど、食べたいなぁ。ああ、ゆっくり嚙んで玄米ご飯でも食べたい。30分でいいから、1人になって何も考えずにいたい。新聞をゆっくり読みたい。ゆっくり湯船につかって1日の疲れをとりたい。子どもを見ながらシャカシャカ、ジャーッと慌てて髪を洗うのではなく、普通に髪を洗いたい。髪も切りに行きたい。熱い入れたてのコーヒーが飲みたいけど、子どもにかかるとあぶないから無理だ——。

しかし、このすべてを夫はいとも簡単にしているではないか。

夫が40代半ばとなり、住宅ローンを組めなくなるといけないからマンションを購入した。その時、本気で思った。

「団体信用生命保険って、死亡するとローンの返済がなくなって、離婚するより得だ」

銀行で説明を聞いているうちに、夫の死を願っている自分に気づいた。ファイナンシャルプランナーも、「ご主人の前では言えませんが、早く亡くなるかもしれませんし、その時のために、ローンはなるべく多く、なるべく長期間の返済にしておいたほうがお得ですよ」と囁く。もちろん営業トークだろう。けれど、「なるほどねー！」と気分が明るくなっていく。

日常の些細なことかもしれないが、夫婦の温度差は計り知れないほど大きく、それが積もり積もると、夫に死んでほしいと妻が本気で考えるようになるのだ。

第二話　ほどよく良い夫――41歳・システムエンジニア

理想は子どもだけがいる生活

「夫に死んでほしいなんて、倫理的にどうかと思って友達に言えなかった」

そう打ち明ける片山志穂さん（仮名、41歳）も、前項の美幸さんと同じように、住宅ローンを組んだ時に強く夫の死を意識したという。ただ、改めて夫に死んでほしいと思う理由を考えると、そもそも夫と相性が合わなかったのではないか、そもそも好きじゃなかったのではないかという疑問がぬぐえないでいる。とにかく、夫の言動が勘に障る。

そこまで自分が思ってしまうのはなぜだろうか。志穂さんは振り返ってみた。

1歳下の妹はヤンキー風。はたちそこそこで結婚して、20代前半のうちに離婚した。シングルマザーになってからというもの「ダンナなんていらなくねぇ？　夫に縛られるくらいなら再婚しない」と、出戻った実家で悠々自適に見える暮らしぶり。妹の友人も同じように離婚しているケースが多く、「離婚なんて別に普通じゃん？」とうそぶく始末だ。身近なところで夫なんていらないという話題が多く、その影響か志穂さんは、結婚前から「夫はいなくて、子どもだけがいる生活」に憧れた。

しかし、日本では未婚の母に対する見方が厳しい。事実婚もさほど多くはない。世間的には、結婚しなければ子どもは産んではいけない雰囲気もある。もともと結婚願望はなかったが、「一応、経験として結婚してみればいいかな」という程度で、思い入れなく結婚してしまった。

志穂さんは、大学を卒業してから就職した会社で有名雑誌の編集業務に携わったものの、取材する難しさを感じて挫折した。心機一転、次はＩＴ関係の仕事に就こうと考えた志穂さん。昼は働きながら夜間学校に通って勉強し、まずは経験を積むために「無給でもいいから働かせてほしい」と頼んで、ＩＴ関連企業に入り込んだ。そこで得たスキルを活かしてマスコミ関係の会社に転職し、今はシステムエンジニアとして働いている。

〝低燃費〟男性と勢いで結婚

仕事好きの志穂さんは、長時間労働もいとわず、連日連夜終電まで働いていたが、35歳を過ぎると「卵子の老化」が気になり始めた。

ここ数年、テレビでも新聞でも、35歳を過ぎると妊娠しにくくなることが取り上げられている。

日本産婦人科学会では35歳以上の妊婦を「高年妊婦」と定義する。高年初産はハイリスクになる可能性が高い。加齢に伴い原始卵胞の数が減るため妊娠率は低くなるし、妊娠したとしても染色体異常が起こりやすく流産率が高まる。また、心臓や血管の疾患にかかりやすくなることでも、流産や早産が増加する。妊娠高血圧症候群を発症すれば、死亡につながる危険まである。東海大学医学部客員教授で不育症治療を専門とする杉俊隆氏の『不育症学級』によれば、流産率は平均で15％だが、35歳で20％、40歳で40％、42歳で50％へ上昇する。医学的には30代前半までがいわゆる妊娠適齢期と言われている。

一方で、初婚年齢の上昇とともに晩産化も進んでいる。厚生労働省の「人口動態調査」によれば、例えば第2次ベビーブーム（1971～74年）が終わった直後、筆者が生まれた年の1975年の平均初婚年齢は夫が27・0歳、妻が24・7歳で第1子出生時の母の平均年齢は25・7歳だったが、2014年の平均初婚年齢は夫が31・1歳、妻が29・4歳、第1子出生時の母の平均年齢は30・6歳まで上昇している。また、母が35歳以上の出生は全体の約3割を占め、約20年前と比べても3倍近くに増えている。

こうした情報が一般の人の目にも触れるようになり、志穂さんも、「年齢を考えると、そろそろ独身生活も潮時かな。子どもを産むなら早いほうがいいだろう。自分も年齢が上がれば、だんだん女としての市場価値が下がってしまうのではないか」と思い始めた。

ふと、そんなことを考えている時に大学時代に交際していた2歳年上の男性と再会。面白味のない人物ではあるが、日々一緒に過ごすことを考えれば、可もなく不可もない。なにより、この人だったら仕事の邪魔にはならないだろう。学生時代は理系でずっと研究室にこもっていた。お酒も飲まず、本も読まない。趣味もなく、まるで〝低燃費〟だ。誠実そうで、大人しいし文句も言わないから結婚相手に適している、と思えた。

「結婚しようか」

意気投合し、なかば勢いで結婚した。志穂さん36歳、夫は38歳の時だった。

実際、年齢を気にしての結婚や子どもが欲しいことが動機となっての結婚は多いようだ。内閣府の「結婚・家族形成に関する意識調査」報告書（2014年度）では、未婚者でかつ将来結婚したい人の「結婚したい理由」について尋ねており、女性のトップは「子どもが欲しい」だった。「結婚に向けた積極的な対応をとる年齢」は、女性では「30〜34歳」（44・0％）が最も多く、「25〜29歳」（31・3％）が続く。一方の男性では、「30〜34歳」

る」（40・9％）、「35〜39歳」（28・7％）となっている。「結婚と恋愛は別だ」が「当てはまる」と答えた男女はどちらも約半数を占めている。

夫は〝できない部下〟

熱烈な恋愛を経た結婚ではなかったため、志穂さんには「思えば最初から夫婦関係は冷ややかだったかもしれない」という自覚がある。どうせ結婚するなら、ローン減税の最大控除額が有利なうちに家を購入して、土地・建物の資産を形成しておきたいとも考えていた。

夫も結婚と同時に家を購入することに同意したが、住む場所探しも家探しもすべて志穂さん任せだったことが、新婚生活を苦痛なものとした。

どの地域のどんな物件がいくらするのか相場を調べるのも志穂さんの役割。実際の物件見学でも、仕事の合間を縫っては真剣勝負と思って足しげく現地に向かった。一方の夫はといえば、モデルルームを見ても「お〜、いいねー」という感想で終わり。ちょっとは調べたのかと思いきや、「ネットで検索して調べてみたよ！」と意気揚々としている。人生で一番大きな買い物なのに、「おいおい、ちょっと！　足を使って歩けー！　直接、見て聞いたりしなきゃ分からないでしょ」と、がっくりしてしまう。

東京23区内で高級住宅の多い地域に7000万円の物件をなんとか見つけ、減税される期間の終了間際に滑り込むように家を購入した。いざという時のことを考え、住宅ローンは夫の名義一本にした。団体信用生命保険に加入しているから、死亡すればローンはなくなる。10年固定金利の返済とし、それを口実に、夫には「資金は一本化したほうが分かりやすい」と言って住宅ローンは夫名義、子どもの教育のための資金や学資保険はすべて志穂さんの名義か子どもの名義で契約して資金を振り分けた。生活費も夫の収入をベースにして、自分の収入は貯蓄に回す。振り返れば、この時からすでに、夫に死んでほしいという願望が頭のどこかをかすめていたのかもしれない。その原因は家探しだけではなかった。

「夫は2歳上だけど、まるで〝できない部下〟みたい。ちょっとは行動してよ。あんた男だよね?と思ってイライラする」

それは日常生活の中でも現れる。ある日、処分する家財道具を細かくして捨てるために、夫に「ノコギリで切っておいて」と頼んだところ、夫が「ねぇ、ねぇ」と何か助けてほしそうに近寄ってきた。案の定、「これ、切れないんだけど」と困った顔をしている。「ちょっと貸して」と、志穂さんが自分でやってみると、普通に切ることができる。

「切れんじゃんっ！　もうっ」

その時はこめかみの血管がプチっと切れそうになった。

行動力のなさを挙げていけばきりがない。夫は、自動車運転免許は持っていてもペーパードライバー。プライドが高く、運転できないとは言いたくないようで、自分からは車でどこかに出かけたいと言い出さない。志穂さんが誘っても「事故にあったらいけないし」。そんなことを言っていたら、何もできない。そもそも、夫を助手席に乗せて自分が運転するのは、志穂さんのほうの女としてのプライドが許せない。だから、車で出かける時はいつも1人だ。

車を運転してどこかに連れていってくれる、ということに〝男としての頼もしさ〟を感じる志穂さんにとって、夫は〝男〟としてリードしてくれる存在でも、ときめきを感じる対象でもない。

妊娠中でもハードワーク

そうしたなかでも、周りの友達がどんどん妊娠し、出産していくと、志穂さんも切実に子どもを欲しいと思うようになった。気持ちが焦り、すぐに婦人科クリニックで自分が子どもを産めるかどうか調べてもらうと、排卵しづらいことが分かった。そこで排卵誘発剤を使い、タイミングをはかって子作りした結果、38歳で妊娠。だが、妊娠11週で流産してしまった。ショックで頭の中は真っ白。赤ちゃんを失った想いから、それまで以上に無性に子どもが欲しくなった。

子どもを作るという時も、夫は志穂さんの言うがままだった。志穂さんは排卵誘発剤を使いながら、医師の指導で性行為をするという不妊治療の1つの「タイミング療法」を試しており、クリニックから「この日」と指導されれば、計画通りにことは運んだ。志穂さんは、子どもは欲しいけれどそもそも夫を異性とは思えず、性交渉をすることに苦難を感じていたから、その最中は「何も考えないようにして終わるのを待っていた」。

夫婦のセックスカウンセラーをしている産婦人科医も「セックスはしたくないけど子どもは欲しい。それでセックスを回避するために、不妊でないにもかかわらず人工授精などで子どもを欲しがる夫婦が増えている」と実感するという。

半年後、再び子どもを授かる。

志穂さんは妊娠中も、ハードワークに励んだ。職場は完全な男社会で、女性社員は1割程度しかいない。毎日終電帰りで朝はきっちり9時に仕事が始まる。月100時間を超える残業だって当たり前。そのような職場環境にあって、1人の女性社員が30代後半で未婚のまま出産するという出来事があった。職場では会議が開かれ、その社員が育児休業を取ってもいいものかが議論された。その時はまだ独身だった志穂さんはピンとこなかったが、いざ自分が結婚して妊娠すると、「育児休業を取らせてもらえないかも!?」と心中穏やかではなかった。当然、妊娠中でも毎日終電帰り。悪阻がひどく、嘔吐やめまいに耐えながら仕事をこなした。

逆境に強く、学生時代からなんでもチャレンジしていた志穂さんにとって、いつしか夫は完全に物足りない存在になっていた。

私の子に気安く触らないで

出産後、退院する時は妹が車で迎えに来てくれて、そのまま実家に帰った。夫より妹のほうがなにかと頼りになる。育児休業に入った志穂さんは、産後2、3か月を実家で過ごしてから、自宅での夫と一緒の生活に戻った。

夫は連日帰りが遅かった。普通の妻なら、夫に早く帰ってきて子どもをお風呂に入れてほしいなどと思うだろう。しかし志穂さんの場合、逆に一緒にいなくて済むことで気持ちに余裕が持てていた。夫が帰ってくるのが嫌だった。

志穂さんたちの住まいは3階建ての一軒家だ。1階に夫の部屋があり、2階のリビングで志穂さんと子どもが生活し、そのまま布団を敷いて眠って過ごす。子どもと一緒に楽しく過ごしている時に夫が帰ってくると、「ちょっと、この輪の中に当然のように入ってこないでよ。せっかくうまくやっているのに、乱さないで」とついつい思ってしまう。夫は子どもの父親なのに「私の子に気安く触らないでよ」とまで思ってしまう。

どんどん強くなっていく妻

志穂さんは職場復帰後を考え、妊娠中から保育園を探して自治体の窓口を訪ねていた。しかし待機児童が多く、役所は「入園は難しいだろう」と取り付く島もなかった。勤務先から2時間以上かかるが、実家のある地域のほうが保育園に入りやすいとにらんだ志穂さんは、夫を残して子どもを連れて実家に引っ越し、近くの保育園に子どもを預けて職場復帰した。往復4時間以上を通勤に費やすのは辛いが、やるしかない。

こうした努力をしながら働き続けても、夫のほうが高収入で、育児短時間勤務をしている自分はその分収入が低くなることには納得がいかない。

「男は、男というだけで会社のポジションを維持できる。上司を見ていてもそう思う」

志穂さんは育児短時間勤務をすることで、配慮だと言われて重要な仕事から外された。

「男性も女性と同じように子育てしながら仕事してみろ」と思うし、夫に対しても「あんたのくせに偉そうなこと言うんじゃないわよ」と八つ当たりもしたくなる。

離婚訴訟などを得意とし、著書に『なぜ妻は突然、離婚を切り出すのか』がある、さかきばら法律事務所の打越さく良《ら》弁護士も、怒りを露わにする。

「まだなお男性優位の社会では、高学歴で有能であっても女性ということだけで力が埋もれてしまっている人がいる一方、男性は下駄をはかせてもらって安定した収入を得ているところが残っている。そういう社会は停滞する」

志穂さんの場合、保育園の情報収集も、実家への引っ越しの決断も、なんでも自分1人で決めて行動していかなければならなかった。どんどん強靭な人間になっていく自分に気づくと、志穂さんは嫌気がさしてしまう。

「あれ？　私には夫がいなかったっけ？　私が男みたい」

そう思ってストレスが増していく。夫には男として何も期待できなくなってしまった。もはや、将来夫に介護が必要になっても、世話するなんてムリ。今でさえ、夫が熱を出しても放置してしまっている。

夫は暴力を振るうわけでもないし、お酒も飲まない。借金もしないし、遊びにも出ない。もちろん、浮気の心配なんて全くない。同じシステムエンジニアで、残業が多く、仕事漬けの毎日だ。たまの休日はぼーっとしていて、ただひたすら家にいるだけ。それが志穂さんには「何が楽しくて生きているのだろう」と思えて勘に障る。とはいえ決して悪い人ではない。収入も安定して、穏やかな性格だ。とにかく離婚する決定打がない。

「そうなると、夫が過労死でもするのが、他人からは可哀そうだと思われ、美談で終わっていい」と言葉にした瞬間、志穂さんは「うわー、これじゃあ、私は殺人者だ」と、自分に驚いていていた。

「やっぱり、あんまり好きじゃないのかも……。けれど、子どもがいるから人手はいるし……」

考えれば考えるほど、この堂々巡りとなる。もし離婚したら、子どもはどう思うだろうか。それよりも、今の決して仲が良いわけではない状況について、子どもはどう思うのだろうか。離婚するなら子どもの記憶に残らない小さいうちのほうが良いと、本気で考えている。

夫は「いないもの」

志穂さんが実家暮らしをしている今、夫が会いにくるのは月2回ほどの週末。その時は1日5～6時間を一緒に過ごしている。そばにいるとイライラするだけだから、会う時間は少ないほうがいい。それがベストだ。

この先、同居に戻ったらどうなるか。3LDKの自宅は、購入する時に4LDKの設計もできたが、その時はまだ子どもが生まれることを具体的に想定していなかった。今では「しまった」と悔やんでいる。3LDKでは、1人で1部屋を使えない。子どもが大きくなったら夫と2人で1部屋を使わなくてはならないのではないのか。夫と一緒に寝る？　無理でしょう！

「そもそも今は、子育てに追われてそんな気分にはなれない。もし、異性と肌を合わせたくなれば、それは夫ではなく、他の人だ」と決めている。

今のところ志穂さんは、「毎日を平穏無事に過ごし、お金、家、体裁がそろっていれば、もう良い」と妥協している。

夫は年収1000万円。志穂さんも残業してフルに働けば年収800万～900万円と高収入だが、とにかく忙しくてお金を使う暇がない。志穂さん個人の預金は1500万円になるが、もちろん金額は夫には秘密だ。住宅ローンの返済は10年固定金利にしたため、10年後に金利の見直しもある。もし金利が上がっていれば、貯蓄から一気に繰り上げ返済したほうがいいだろう。けれども、その時に離婚となっていれば、家はローンとともに夫に譲り、貯蓄は自分が持っていこう、と内心計画している。

「あれ？　やっぱり私って、本当は離婚したい？」と思うが、なにせ決定打がない。離婚となれば、子どもにとってひとり親という境遇が良いのか心配だし、会社に説明するのもちょっと面倒だ。いつか離婚するかもしれないと思っても、離婚届を出すのはやっぱり重い。

子どもを作るなら夫としかなかった。だから志穂さんの結婚には打算と諦めが入り混じっている。もっと事実婚が法律婚に近くなるような、結婚と離婚の中間の制度はないものかと、改めて考えてしまう。

フランスでは、1999年に「連帯市民協約（PACS）法」が成立し、成人している者同士が長く一緒に暮らしている場合、配偶関係と同様の社会的権利を認められた。そのため婚外子が増加し、出生率も上昇したとされている。

日本は依然として、「結婚＝一人前」と見られる傾向が残っており、前述の「結婚・家族形成に関する意識調査」でも5人に1人が「結婚してはじめて一人前だと思う」と答えている。婚姻制度にまだまだ社会的なステイタスが存在しているとも言える。後述するが、実際に離婚すれば女性に不利に働く。そして、ひとり親への環境は十分に整備されてはいない。それらが解決しない限り、志穂さんの憂鬱は続きそうだ。だから、夫が死ねば都合が良くなってしまうのだ。

「心を無にして、夫はいないものと思って一切あてにしない。もう、夫に多くを求めない」

これが、今現在の志穂さんの心境だ。

志穂さんのように、夫はいないものとして考えることで自分を納得させる妻は少なくはないだろう。しかし、日常のなかに夫への殺意を抱かせる瞬間は潜んでいる。

第三話　リビングルームで芽生える殺意——45歳・会社員

殺意を抱かせる夫の足音

ぺたん、ぺたんという、ゆっくりとした足音が聞こえてきた。

ムカ————ッ。思わず夫に殺意を抱く瞬間だ。

神奈川県に住む川又聡子さん（仮名、45歳）には中学2年の息子と小学5年の娘がいる。その息子が小学校に入学した頃は、毎日めまぐるしい朝を過ごした。娘も保育園に送り出さなければならないため、忘れ物はないかランドセルの中をチェック。着替えやタオルなどを袋に入れて登園の準備をする。

聡子さんは常に効率を考え、リビングルームから台所に向かう時には必ず洗い物のコップを持っていくなど、家の中を手ぶらで歩くことはない。何もしていない瞬間などないくらいバタバタと必死に子どもや自分の身支度を済まそうとしている時、夫が寝室からゆっくりと歩いて向かってくる足音がする。その、ぺたん、ぺたん、という音を聞くと、思わず殺意を抱いてしまう。

「遅く起きてきたうえに、のそりのそりと歩く夫の姿に、ムカッとせずにいられない」。

聡子さんの「ムカッ」という言葉には、確かに力が込められていた。

夫が何もしないのは、そもそも専業主婦の妻が欲しかったのだろう。思えば夫の母は、さりげなく聡子さんに「家にいてほしい」と口にしていた。同じ会社で働く夫も、出産前は「妻は家に」と思っていた。ただ現実問題として、勤め先の業績が芳しくなかったため、家計を考えた夫は「仕事を続けてほしい」と態度を一変させた。

今でも悔やまれるのが、育児休業中の生活だ。その間聡子さんは、忙しい夫のために朝早く起きてご飯を作ってあげていた。家事全般も聡子さんの役割となった。それが失敗のもとだった。

妻が忙しくなると夫婦関係が悪くなる

育休が終わって職場復帰する時には、決まった時間に帰ることができるように、社内で閑職と言われる部署に希望して異動した。子どもが小さいうちは仕方ないと自分に言い聞かせていたが、夫の何気ない一言に大きく傷ついた。

社内でもエース級の男性社員が、聡子さんと同じ部署に異動することになった。そのことを「なんか可哀そうな人事だね」と家の中で話題にした時、「しょうがないんじゃないの。その彼もゴミ溜めみたいなところに来るんだね」と、さらっと言ってのけた。

――ちょっと待ってよ。誰のためにその部署に私がいると思っているの？　子どもができても男性は変わらないまま働けて、キャリアで割りを食うのは女性ばかり。それでもって、「ゴミ溜め」って言うわけ？

はらわたが煮えくり返る思いがした。

妊娠や子育てにさほど理解のない職場環境だった。結婚後に転勤して東北地方勤務をしていた時、マタハラ上司がいた。妊娠中に雪道を車で移動することの不安を訴えて異動を願い出ても、「分かるだろう。出すとこないんだよ」と冷たかった。妊婦を受け入れてくれる異動先なんてない、ということだ。3年後、他部署に異動してから、たまたまその上司と会った時に2人目の妊娠を報告すると、今度は「仕事やる気あんの？」といぶかしげに言われた。「ああ、そう見られるのか」と思うとショックだった。実際、時間に制約のつく社員、特に子育て中の女性社員は閑職に追いやられていた。

ただ、子どもが大きくなってくると事情が少し変わった。

「よく、女性の収入のほうが多くなったり、忙しくなると夫婦関係が悪くなるというけれど、それは本当だった」

今から5年前、聡子さんの業務が増えて夫より遅く帰るようになると、夫からの嫌がらせが始まり、家庭内離婚の状態になった。夫が私の仕事に妬いた？と思わなくもなかった。でも、夫は夫で好きなことを仕事でできていた。海外出張に出る時も聡子さんが「行くな」なんて言ったことは当然ない。それなのに……。

普段は夜10時を過ぎても息子は起きている。夫は、子どもたちを早く寝かしつけて聡子さんに合わせない作戦を取ったのだ。息子が布団の中で携帯電話からメールを何度も送ってくる。

「もうパパに寝かされちゃう。ママに会わせてもらえない。どうしよう、どうしよう」

繁忙期は3か月に及んでいた。ある日、やきもきしながら夜9時50分に帰宅すると、家中が真っ暗になって静まり返っている。聡子さんがパッと電気をつけて「なんでこんなことすんのよ！」と思わず怒鳴ると、夫は負けずに「俺はずっと文句も言わないで3か月我慢してきたんだぞ!!」と言い返した。

「ちょっと待ってよ。この7年、私は子育てのために早く帰ることのできる部署に異動までして、何も言わずにあなたの仕事を支えてきたじゃない。この7年の努力や私の気持ちを全く見てなかったってこと？」

子どもが熱を出せば、ほぼすべて聡子さんが仕事を休んだ。職場復帰してすぐのこと、

1歳半だった息子が肺炎にかかって1か月入院した時も、なんとか都合をつけて会社を休んだのは聡子さんだ。夫が会社を休んだのはたったの2日。彼の勤務を傷つけるようなことはしていない。仕事に影響することは、すべて妻であり母である聡子さんがかぶってきた。感謝されていいくらいだ。それなのに、夫ときたら「会社で、子ども、子どもって言うなと上司から怒鳴られた」と、これ以上は絶対に子どものために休まないと言わんばかり。

夫の上司まで憎らしく思えてくる。

——だから、世の中ではいつまでも、妻が、母親が、女性が不利な立場なんだ。男だって親なのに。もちろん、職場で子どものために休みたいと言いづらい雰囲気があるのも分かっている。あまり休んでクビになっても困る。けれど、ひとりひとりが言い出さなければ社会は変わらないんじゃないの？　その「ひとり」になんでなろうとしてくれないの？　社会改革しようよ。もう、こう思う、私の夫になったことを不幸に思ってくれていい。

それから、夫は朝起きてこなくなり、寝室が別になった。この頃は、一緒に出掛けなければならない時にバスで隣に夫が座っていることですら耐えられない。苦しくて、息が詰まるようだった。

息子に怒ってばかりいる夫

聡子さんは、夫に殺意を抱く瞬間より切実な問題も抱える。夫と息子の関係だ。夫は娘のことは可愛がったが、息子に対しては、なんでもないことで、しょっちゅう怒っている。普段は大人しい夫が、なぜ息子には怒ってばかりいるのだろうか。例えば、「テーブルを片付けて」と普通に言えばいいのに、「片付けなさーいっ！」と大声を出す。相手は小さな子どもなのに……。

虐待とまではいかなかったが、夫は日頃から息子に対して「うーー、うーー」とうなって怒っている。息子が保育園に通っている2〜4歳頃の間に、夫は3回大きな怪我をさせた。

最初は、息子が2歳児クラスの時。夫が保育園にお迎えに行った時だ。帰ってきた息子のお腹が火傷のようになっている。どうやら、夫がなかなか帰ろうとしない息子を保育園の中で引きずり回したようだ。2歳の子をどれだけ引っ張ったわけ？　大人の男の力で普通に引っ張っても強すぎるのだから、力を加減しなかったら、ダメでしょう！

2回目は、当時3歳の息子を怒ってベランダに出そうとした時だ。逃げようとする息子を無視して無理に戸を閉めたため、息子の指が挟まれてしまった。

離婚を考える大きなきっかけとなったのは、夫が息子の寝かしつけをしてくれていると思った時のことだ。「わ――っ」という息子の叫び声がしたかと思ったら、がーんと大きな音が聞こえ、急に静まり返った。翌日、息子の目には試合後のボクサーかと思うくらいの大きなアザができていた。

この時、聡子さんは「もう1回、叩いたら離婚しよう」とキッパリと夫に宣告した。それ以降、夫が息子に対して手を上げることはなくなったが、当然、息子はすっかり「パパ嫌い」と言うようになった。聡子さんは、自分がいない時に夫がどう振る舞うか不安になってなるべく早く帰るようになった。


子どものために離婚する？


小学2年生の時の息子の七夕の短冊には「お父さんがもっと優しくなってほしいです」と書かれていた。息子の願い事は、たったそれだけ。このくらいの年齢なら、もっと違う願い事をたくさん書くだろうにと、涙が出る思いがした。

聡子さんの仕事が忙しく、残業が続いた頃があった。会社で仕事をしていると、息子が電話で「パパが怒ってるよ。怖い」と泣きついてきた。しかし、今は帰れない。すぐに夫の携帯電話を鳴らすと、どうやら息子が塾に行かないとごねているため、夫が怒っているようだ。

「俺、一生懸命やっているのにっ！　分かってくれない」と、20分近く延々と愚痴を言い続ける夫に、心の中で「死ね」と思ったが、子どもを守らなければいけないという一心で、その言葉はのみ込んだ。

「あなたが頑張っているのは分かっているから。でも、子どもが怖がったらダメだからね」と、怒鳴り返したい気持ちを抑えに抑えて優しい口調でなだめた。

「この子のために離婚したほうがいいだろうか」。何度もそう思ったが、離婚してしまえば自分が忙しくなって子どもといる時間が減ってしまう。パパは嫌いと言ってはいても、いてほしい時もあるかもしれないと思うと離婚できなくなる。

夫はただの同居人

息子が小学6年生の時、突然、夫が「ちょっと来て」と聡子さんを呼んだ。

「僕、このままじゃいけないと思っているんだ。子どもに対しても対応を変えるから」

夫が謝っている。息子をひっぱたいたりしたことも含め、反省しようとしている。自分より聡子さんに子どもがなついていることを嫉妬していたとも白状した。

事実、夫はだんだんと息子を怒らなくなったが、子どもに植え付けられた恐怖は消えてはいない。娘には優しい夫だが、その娘もパパを怖がっている。聡子さんが休日出勤をしていると、娘から電話がかかってきて「リンゴを食べたいから、ママが皮をむいて」。パパがいるのに。それくらい怖いということだ。

その2~3か月後、また夫がふいに切り出してきた。

「君は僕のことが好きなの？　嫌いなの？」

「僕は、努力している。あと何をすればいいの？」

はっきりとは言わないが、寝室を一緒に戻したいという意味だと察した。

「あなたが今頑張っているのは分かるけど、それ、心の問題だから」と、一蹴した。

「男性は謝って改善すれば、はい仲直り。ラブラブになるとでも思っているのかしら」と、あきれ顔の聡子さん。女は、そうはいかない。

夫はただの同居人。そう思うと、険悪だった関係も少し変わった。仲が良いわけでも悪いわけでもない。特にこの1年は、一緒に旅行に行くこともなくなった。この先、どうするか。子どもが20歳になれば夫と一緒に住まなくてもいいだろうか。

「その頃、私は55歳か」

離婚するのもエネルギーがいるかと思うと、しばらくは離婚まではしないだろう。けれど、一緒の寝室になるのも嫌なのに、将来あるかもしれない夫の介護なんてムリだ。ああ、仕事でもなんでもいいから、夫は家に帰ってこなくていいのに、帰ってくる……。

夫の足音に殺意を覚えるのは変わらないが、今は、こう考えるようにしている。「そうだ、これは離婚した時のシミュレーションだ！　離婚したら1人でやらなきゃならないんだから」と覚悟を決めると、その状態にも慣れてきた。

第二章

「寿退社」は地獄の扉！
専業主婦の呪いの日常

前章では、働きながらも乳幼児の子育て真っ最中にある妻の怒りにスポットを当てた。その一方で、働きたくても働けない妻の心中も穏やかではない。本章では、やむを得ず専業主婦になった例などに焦点を当ててみたい。

妊娠すればマタハラに遭い「妊娠解雇」を余儀なくされる、なんとか職場に留まることができても子育てとの両立が許されず、労働市場から退場させられる。夫が、そして世の男性がもっと育児や家事を当たり前にしてくれれば自分は辞めずに済んだはず……。キャリア断絶を強いられた妻の恨みは大きい。

国立社会保障・人口問題研究所の調べを見ても、第1子の出産を機に働く女性のうちの6割が無職になっている。そのトレンドはこの30年間、変わっていない（図2－1）。望んで専業主婦になった場合や、子どものいない夫婦も追う。

第一話　キャリアを断絶させられた妻の恨み――46歳・一部上場企業管理職

キャリアウーマンの苦悩

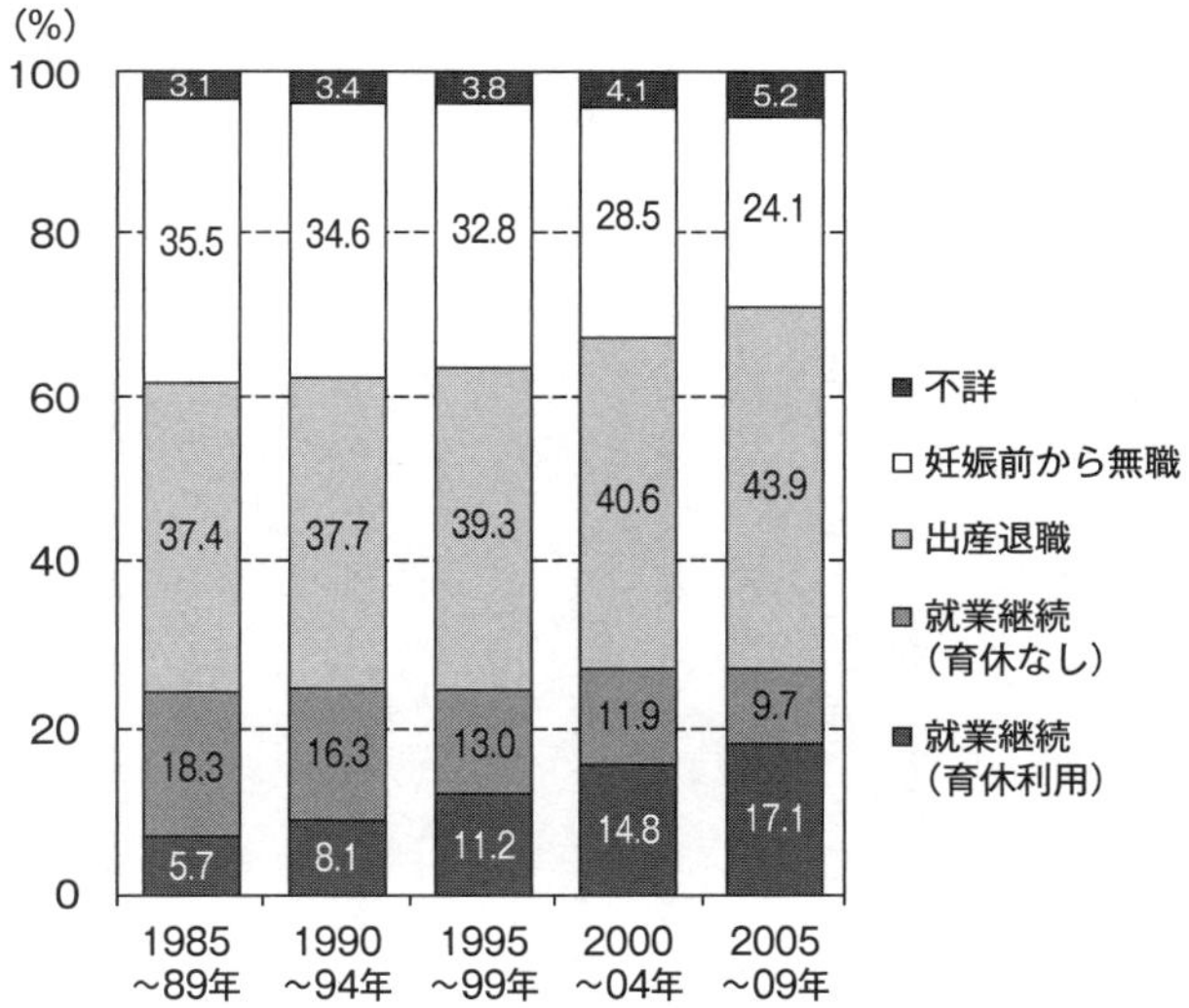

［図 2-1］ **第 1 子出産後の妻の就業変化**

出所：国立社会保障・人口問題研究所「第14回出生動向基本調査 結婚と出産に関する全国調査 夫婦調査の結果概要」

「子どもを産んでから、周囲に謝ってばかり。子どもを産み育てながら、働きることが、そんなに悪いことなのだろうか」

女性の就業継続の難しさを物語る、筆者の取材の原点となった言葉だ。

十数年前、こうした胸の内を語ってくれたのは、筆者が子育て中の女性を取材し始めた頃に出会った加藤咲子さん（仮名、46歳）だった。『週刊エコノミスト』の特集や拙著『ルポ 職場流産』（岩波書店、2011年）にも登場してもらっている。

やむを得ず一時、専業主婦になった咲子さんの恨みは深く、話は15年ほど前に遡る。彼女のその後を追うと、キャリアが断絶されたことによる夫（50歳）への憎悪ともいえる感情が増幅していることが分かる。

咲子さんは、もともとは新卒で超難関と言われる政府系金融機関に就職。高い語学力が認められ、米連邦準備制度理事会（FRB）や英中央銀行（BOE）などとやり取りされる、景気や市況についての専門的なレポートの翻訳やドキュメントの作成を仕事としていた。入社3年目にして、金融検査担当部署に異動。文字通りのエリートで、財務省担当である〝MOF担〟に抜擢されていた。その後、まだ20代の若さで外資系金融機関から年俸1000万円でヘッドハンティングされたほどのキャリアウーマンだった。

転職と同時に結婚し、その後妊娠。ところがその時の上司に妊娠の報告をすると「仕事、辞めるんでしょ」と、当然のように退職を促された。今で言うマタハラだった。それが2001年6月の話だ。外資系といえど、上司の価値観に左右されることは少なくない。

それでも咲子さんは、負けずに米国人の社長に直談判して産休と育休を取ったうえで2003年に職場復帰した。当時、教育機関で働く夫は単身赴任中で、互いの実家も遠くて

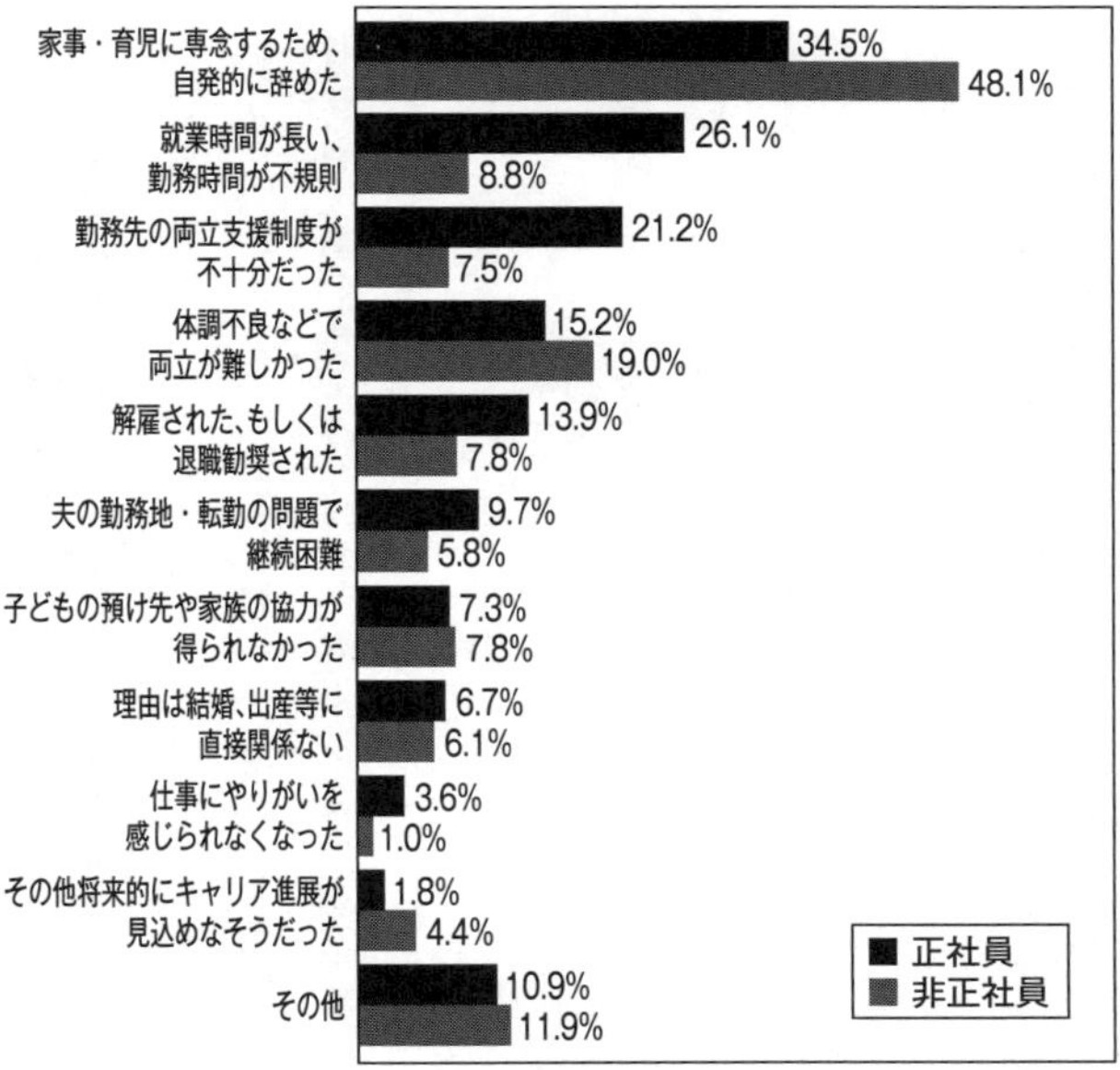

［図 2-2］**末子妊娠・出産時の退職理由**

出所：厚生労働省「平成23年度 育児休業制度等に関する実態把握のための調査研究事業報告書」

頼れない。咲子さんは、朝7時から夜11時までオフィスにいるのが当たり前という部署の中で、仕事と育児の両立に苦しんだ。

子育てに理解のない職場で周囲には「すみません」と謝って早く帰り、保育園のお迎えに遅れてしまえば保育士に「すみません」と謝った。寂しくて泣く子どもにも「遅くなってごめんね」。そんな生活を数か月もすると限界を感じ、バーンアウトしてしまった。

ちょうど夫が1年の期限付きで海外赴任が決まったこともあり、咲子さんは退職して〝ついていく〟ことにした。

咲子さんのように、夫の転勤によって仕事を辞める女性はどのくらいいるのだろうか。調査があまり行われていないのだが、厚生労働省の「育児休業制度等に関する実態把握のための調査研究事業報告書」（2011年度）によると、末子を妊娠・出産した時に退職した者は、女性が正社員であっても「夫の勤務地・転勤の問題で継続困難」を理由にしているケースが9・7％と、10人に1人に上る（図2−2）。厚生労働省「平成24年度雇用均等基本調査」によると、社員を「総合職」「一般職」「現業職」などに分けて雇用するコース別雇用管理制度を行っている企業の57・6％が、総合職には全国転勤があるとしている。その影響を受ける家庭は少なくないだろう。

年収は3分の1に激減

夫の転勤は夫婦の運命の分かれ道だったのかもしれない。咲子さんは、ヨーロッパで専業主婦の生活を送るようになった時、夫の本性が分かったのだった。

家事をこなし、子どもと過ごしている妻の姿を見た夫が発した言葉は、

「子どもと遊んでいるだけで、いいよね」

この一言が引き金となり、烈火のごとく熱くなった胸が穏やかになることはなくなった。

——何いぃぃ!? あなた今、何を言ったか分かっている？？？ 確かに今は専業主婦かもしれない。けれどもここに至るまで、私がどんなに血反吐を吐くようにして子育てと両立しようと頑張って、その結果、どんなに悔しい想いでキャリアを捨ててきたと思っているの？

海外赴任の任期が終わると、次の夫の勤務地となる九州地方に一緒に移り住むこととなった。当時35歳だった咲子さんの高い語学力や専門知識を活かすことのできる仕事が地方にはなかった。派遣会社からも「小さな子どもがいることと、年齢が不利になるので、時給800円程度の一般事務かファストフードの仕事くらいしかない」と説明された。友人のつてを頼り、なんとか個人経営の研究所でパート社員として働くことになったが、年収は300万円と、出産前の3分の1に激減した。

出産して小さな子どものいる女性の就業継続や再就職は、かねてより困難なものとされている。女性の労働力率（15歳以上人口に占める労働力人口の割合）を世代ごとに見ると、

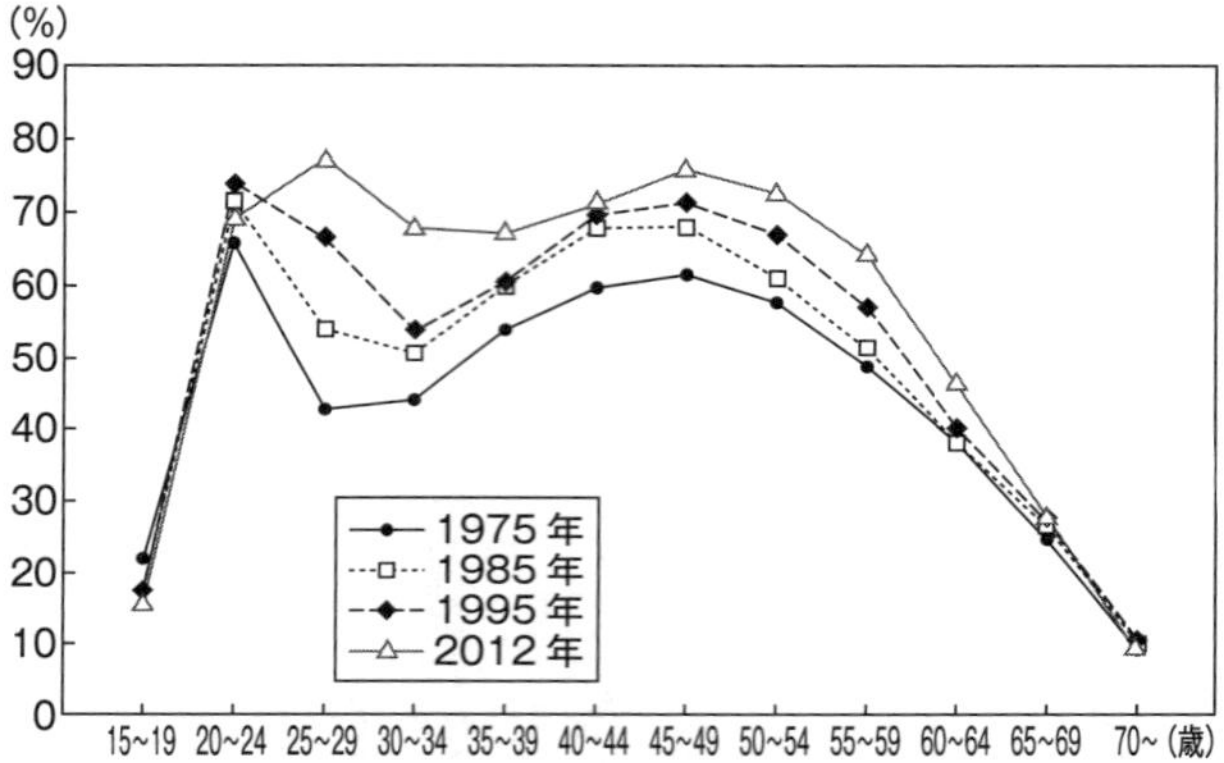

［図 2-3］ **世代ごとの女性の労働力率**

※労働力率は15歳以上人口に占める労働力人口（就業者＋完全失業者）の割合。
出所：内閣府「男女共同参画白書 平成25年版」

30代前後に如実に低下する。その推移をグラフにした時の形から、「M字カーブ」と呼ばれる現象だが、これは子育て期に離職することが主な原因となっている（図2－3）。配偶者のいる女性の労働力率は20代後半から40代前半にかけて特に低くなっている。

短時間勤務や在宅勤務などの柔軟な働き方が整備されていない上に、景気低迷で少数精鋭の正社員に激務が求められる現在の状況では、子育てしながら正社員として働くことが困難になる。総務省「就業構造基本調査」（2012年）を見ても、結婚や出産などのライフイベントを迎える時期に、女性の正社員が減ってパートが増えていることが分かる。正社員比率は20～24歳で52・3％、25～29歳で60・7％、30～34歳で52・4％と比較的高いが、それ以降の年齢では30～40％台に落ち込む。一方、パート比率は20～24歳で8・2％と低いが25～29歳で15・1％、30～34歳で24・8％、35～39歳で34・2％となり40～50代は40％台となる。

同調査からは、女性の正社員としての転職の難しさもうかがえる。「過去5年間の転職就業者」を見ると、正社員だった男性は、転職後も7割弱が正社員として再び職に就いているが、女性の場合のそれは5割弱に留まる。つまり正社員だったとしても5割強が正社員から非正社員に転じている。

パートとして再就職した咲子さんは、その6年後、投資顧問会社に転職してようやくキャリアを積むことができるような仕事に就けたと思ったが、そことて納得できる職場だったわけではなかった。この時点で、出産から8年が経っている。それでも、歯を食いしばって、目の前の仕事をこなした。

マミートラックの罠

2015年に入って九州地方の一部上場企業の管理職として転職が決まり、「これで、ようやく〝マミートラック〟から抜け出せた。いっぱしのサラリーマンに戻ることができた」と咲子さんは安堵した。

マミートラックとは、仕事と子育ての両立はできるものの、昇進や昇格が難しい働き方のことを指し、「お母さん向けキャリアコース」とも呼ばれる。それまでキャリアを積んでバリバリと働いていた女性が、出産後は難易度の低い仕事を割り振られたり、短時間勤務で賃金が低下するなどして、モチベーションが下がる場合も少なくない。咲子さんにとっても、仕事の内容・収入・ポジションというものは、人生のなかで大切な価値だった。ようやく夫と比べても年収で引けを取らなくなったが、ここまでくるのに11年もかかっていた。しかしそれも、諦めずにできることをやってきたからだった。咲子さんは複雑な心境で人生の転機を迎えていたが、その時も夫は「よかったね～」とお気楽だ。友人が自宅に遊びに来た時には、

「いやぁ、も～、彼女はいつも僕なんかよりバリバリと活躍しているからさぁ」と、へらへら笑っている。

――てめー、テキトーに言いやがって！

友人の前で、思わず顔が引きつりそうだった。さらに夫は続けた。

「いやぁ、彼女はいっつも僕より給料が高くて威張っていますから」

――君さぁ、私の一番苦しかった11年をすっ飛ばして、よくも言ってくれたわね……。

九州に来てからというもの、20代の頃の半分以下の年収になって、それでも耐えて頑張ってきた。ようやく日の目を浴びたという私の感情を、1ミリも理解していない。

――こいつ！　死ね!!

咲子さんは、夫への殺意を感じた。そんな咲子さんの心境を察しもしない夫。

「いやぁ、結果オーライなんだから、いいじゃーん」と、あくまでお気楽。

私の〝失われた11年〟。その間、キャリアはボロボロズタズタで、転職できたからって安泰なんかじゃない。

家事は女がやるもの？

夫は「俺は教育熱心だ」と言わんばかりに息子の塾の三者面談に出てくる。それも気に入らない。今まで地域の挨拶活動や交通安全の旗振りなどは、すべて咲子さんがやってきた。そういう地味なことは一切せずに、こんな時だけ立派な顔して来ないでよ、と思う。

旭化成ホームズ「共働き家族研究所」が１９８９年から25年間の共働き夫婦の動向を調

査した結果をまとめた「いまどき30代夫の家事参加の実態と意識」（２０１４年）によれば、夫が参加する家事の1位は「家の戸締り」（65・6％）、2位「年末の大掃除」（53・8％）、3位「食料品の買い物」（48・1％）、4位「ごみ出し」（38・5％）と続き、思わずずっこけそうになる。「町内会などへの出席」は18・1％で12項目中の下から3番目だった。「食事の片付け」（27・9％）や、「食事のしたく」（22・8％）も低い（２００８年の調査）。

あるいはベネッセ次世代育成研究所「第1回妊娠出産子育て基本調査・フォローアップ調査」を見ると、子どもが0、1、2歳児期それぞれの炊事（食事の用意・片付け）について、妻はいずれの時期も「ほとんど毎日する」が90％以上で圧倒的。対して夫はといえば、「ほとんどしない」が34・0～38・9％。「ほとんど毎日する」と答えた夫はどの時期も1割強と少ない。

咲子さんの夫は「俺は家事を半分やってる」と豪語しているそうだが、咲子さんに言わせれば「実際やってねーよ」。週に2回は夕食を〝作らせて〟いるだけで、夫が自分から進んで作っているわけではない。その日に咲子さんは残業したり、飲み会の予定を入れている。

――あんたは、週2回以外は残業でもなんでもできていいご身分だ。私だって思いっきり残業したい時がある。男って、お弁当は絶対に作らないよね。なんで？ 運動会、夏休みや冬休みにはお弁当が必要なんですけど。どうひいき目で見たって、家事分担は6対4でしょう。

――あんた、そもそも家事は女がやるもので、それを手伝ってやっているという意識があるから、半分することだって不満なんじゃないの？

考えれば考えるほど、夫を睨み付けたくなる。その「してやっている」というスタンスの家事だって、実はたいしたことはない。味噌汁はお湯に味噌を溶かしただけ。世の中にダシというものがあることをご存じですか？と聞きたくなる。

咲子さんは、2人目の子どもが欲しくなかったわけではないが、絶対に欲しいというわけでもなかったという。「子どもと遊んでいるだけで、いいよね」という無神経な言葉に愛想がつきて、夫を男としては見ることができなくなった。当然、その時からセックスレスだ。

未亡人になったほうがいい

「私の生活に、夫はいらない」。息子がだんだん頼れる存在になってきたため、よけいにそう思う。ただ、現在は勤め先でダイバーシティ（多様な働き方）に関する仕事を任されている。自分が結婚して子どもがいることに価値が置かれていると考えると、ちょっと離婚しづらい。ほとんどが男性社員という会社で、女性管理職は数人しかいない。既婚女性も少なく、子どもがいるのは咲子さん1人だけだ。

——ああ、本当に早死にしてくれたらいいのに。未亡人になったほうが、ステイタスが高くなっていいかもしれない。生活は何も困らない。

咲子さんが離婚しないのは、夫を自由にさせてたまるか、という想いがあるからだ。離婚は、彼にとってメリットでしかない。今、夫が愛人を作ったってかまわない。その代わり、婚姻関係は解消せず、家族を養う義務を背負い続けさせてやりたい。咲子さんはそう思っている。だって、九州での11年の間に断絶したキャリアは、もう取り返せないのだから。

中学2年生の息子は、どうやら両親の仲はあまり良くなさそうだと察しているようで、「ねぇ、ねぇ。もしうちが離婚したら、ママ、僕のこと育てられるの？」と尋ねてきた。「ぜんぜん平気だよー。ママ、がんがん働いているから、大学でも大学院でも行かせてあげられる。だから安心しろー」と笑って答えた。

最近、オヤジ化する自分に気づくという咲子さん。

――私が雄々しくなるのは、お前のせいだ。私だって〝ええ〜、わかんな〜い♡〟と言ってみたいわよ。あんたが頼りがいのある人ならばね……。私だって、可愛い女でいられる瞬間が欲しい。だから、彼氏が欲しくなっちゃうんだ。

息子が離婚を心配するくらい日常生活があまりにも殺伐としているせいか、何年か前から、恋人がいてデートでもできたら、と思うようになった。一緒にいる時間、互いに楽しく過ごせるように気を遣う、そんな甘い時間を持ちたい。地元ではなかなか恋人候補はいないが、たまに仕事で東京に行くと、必ず昔の男友達を呼び出して食事し、楽しい時間を過ごしている。

咲子さんの当面の目標は、彼氏を作ること――。

母親だけが決断を迫られる

夫の転勤が妻の就業を困難にし、そのことが発端となって夫婦を崩壊にまで至らしめる。

この問題は根深いが、「総合職で賃金が高いなら全国転勤は当たり前」という企業の慣習の影に隠され、大きな注目を浴びてこなかった。こうした現状を問題視している慶應義塾大学の樋口美雄教授はこう話す。
「問題は、男性が子育ての大変さを味わうことなく、子どもがいつの間にか成長していると錯覚してしまうことだ。父親が単身赴任する場合も同じ。母親に育児と家事が集中し過ぎてしまう。男性はかつての良き時代を引きずり、子どもを産むことで負担の増した女性が不満に思う構図が変わっていない。

例えば、米国では転居を伴うような転勤はそもそも管理職に限定されている。しかも、赴任地で家族と一緒に1~2週間暮らしてみてから断ることもできる。一方で、日本の場合は一般職であっても辞令1つで全国どこにでも転勤させられ、事実上ノーとは言えない。転勤が能力開発に活きる、顧客との癒着を防ぐために必要だというケースもあるだろうが、頻繁な転勤がはたして本当に企業にとっても個人にとっても良い方法なのか、考え直す時期に来ているのではないか。夫が転勤するとなると、稼得能力がないという理由もあって女性が『ついていく』という意識も強まってしまうのが現実だ」

すべては、どこかに「男が働き、妻は家庭へ」という意識があり、それに乗ずるように男女の賃金格差が大き過ぎることが根底にあるのではないか。その不利益を被る女性の苦悩は決して小さくない。

こうしたなか、2014年11月に全国の地方銀行64行の頭取が「輝く女性の活躍を加速する地銀頭取の会」を発足。配偶者の転勤に伴い退職する行員（男女問わないがたいていは女性）が、希望する場合に別の地方銀行へ再就職できるよう取り組み始め、2015年4月から運用を開始した。共働き世帯が主流となった今、こうした取り組みを広げるとともに、転勤の意味や意義について根本的に見直さなければならないだろう。

＊

そして、転勤だけでなく、女性である母親だけが人生そのものを変える決断を迫られるのが、子どもに〝何か〟あった場合だ。それが、障がいや難病であることも珍しくはない。子どもの障がいや難病が分かると、多くは母親が離職しているのが現実だろう。厚労省「雇用動向調査」（平成26年）によれば、女性離職者の13・9％が理由として、「個人的理由」を挙げている（男性8・4％）。この調査のもともとの設問では、「結婚」「出産・育児」「介護・看護」及び「その他の個人的理由」に分けて回答を求めている。発表された結果では「個人的理由」として合算されて、内訳は示されていないが、ここに子どもに障がいや難病があった場合の離職が含まれることになる。一方で、18歳未満の在宅で過ごしている身体障がい児と知的障がい児は、それぞれ2011年で7・3万人、15・2万人となる（内閣府「平成27年版障害者白書」）。決して他人事ではない。

子どものためにやむを得ないと頭では理解しつつも、咲子さんと同様、「キャリアが断絶した」という想いは完全には拭いきれなくなる。社会環境が整っていない以上、仕事と子どものケアの両立はできない。子どもに何かあった場合、なぜ、自動的に女性だけが仕事を辞めなければならないのか。そんな素朴な疑問に襲われる。

第二話　娘の病いから始まった危機——46歳・パート

夫というより胎児の父親

都内在住の澄田友里さん（仮名、46歳）は、東南アジアで働いていた36歳の時に出会った男性とスピード結婚した。有名な製造関係会社の駐在員だった夫とは、現地では半年ほど友人関係にあったが、夫の帰任が決まった頃、友里さんも一時仕事を辞めて帰国していた。次はベトナムで働いてみたいとも考えていたが、早く結婚しないと子どもを産めない年齢になってしまうのではないかという焦りが出てきた。その時、適当な相手だったのが夫だった。彼は、「次は工場長になってまた駐在に戻る」「次は中国やカナダへの駐在の話も出ている」と言っていた（しかし、それは真っ赤な嘘だったことが結婚後に分かった）。

結婚から2か月後、「私のお腹の中に受精卵がいることが分かりました」と友里さん。もともと「お友達夫婦」だったこともあり、それからは夫というより胎児の父親としか見られなかった。そして、夫は胎児に関してまるで他人事だった。友里さんは妊娠が分かると、ごく当たり前のように「五体満足で生まれてくるかしら？」と、胎児の健康が気になった。同じ気持ちでいると思っていた夫は、「僕は健康だから、僕たちの子どもは大丈夫だよ」とあっけらかんとして、まるで他人事だった。

例えば妊娠中なら、穏やかな雰囲気でこんなことも話題にするだろう。「お腹の中の赤ちゃんに万が一障がいがあっても、2人の子として頑張って育てていこうね」。しかし、夫からそんな話題が出ることは全くない。「この人、お腹の中の赤ちゃんの健康が気にならないのかしら」と疑問を感じた。夫は、妊娠すれば皆、元気な赤ちゃんが生まれてくるとでも思っているのだろうか。

35歳以上の高年齢出産となる友里さんは、加齢とともに染色体異常の率が高まることが気になっていた。

日本産科婦人科学会、日本産婦人科医会の「産婦人科診療ガイドライン——産科編2014」によれば、約3〜5%の赤ちゃんは何らかの異常を持って生まれるとされている。その原因は多岐にわたるが、染色体異常は胎児疾患の原因の約25%を占めているという。

そんな心配をしつつも、友里さんがやがて生まれてくるわが子を想像しながら名前を考えていても、夫はうんともすんとも言わない。常に他人事のようだった。家族を作ることへの意識の違い、これが最初に感じた夫婦の温度差だった。この温度差によって、「もう、この人、生理的にムリ!」と見限った。もう1人子どもがいてもいいなと思っていたが、〝この人の子ども〟をまた産みたいとは思えなくなった。

娘の大病を1人で看病

産後しばらくして、友里さんは次の仕事を持とうと都内で探した。霞が関の省庁で臨時職員として採用されると、当時北陸で働いていた夫を自宅に置いて、娘を連れて東京の実家に戻り仕事を始めた。契約の期間が終わると、以前勤めていた商社から契約社員として働かないかと誘われた。契約社員で採用されたのち、正社員に転換することも少なくない。これはチャンスだと思い、意気揚々と働き始めた。

しかし、勤めだして2、3日すると、娘が熱を出した。風邪かと思ってクリニックを受診しても様子がおかしい。「これは、ただの風邪ではなさそうだ」。そんな嫌な予感がした。違う病院で受診すると、エコー検査が行われ、医師が心臓に何かがあると気づいた。医師の紹介ですぐに専門医のいる大学病院に救急搬送され、数時間後には、心臓の難病であることが告げられた。

「延命するには、心臓の移植手術が必要となるでしょう」

医師の言葉に気が動転するのを抑えて、ハッと我に返った友里さんは「これは、時間との闘いになる。働いている場合ではないかもしれない」と直感した。友里さんはその場で職場に電話をかけ「明日から行けなくなりました」と言うしかなかった。

娘は入院して詳しい心臓の検査をすることになった。入院中は娘にずっと付き添い、あれこれと病気のことについて調べたりする友里さんに対して、夫はすべて友里さんと医師任せ。「あと3つも検査があるんだって」と話しかけても「あ、そう?」とポカーン。「非常事態だというのに、この人、何も聞いていない。このダンナ、無理!」と思った。

大学病院の小児病棟は夜9時に消灯だったが、気を利かせた看護師がこっそり夜10時までいさせてくれた。娘が眠るのを見届けてから後ろ髪をひかれる思いで病院を出て、スーパーに買い物に寄り、夫にご飯を作った。こんなに大変な時でも、夫はご飯は勝手に出てくるものだと思っているようだ。

心身ともに疲労困憊状態のある夜、病院から出た友里さんは夫に電話をかけてみた。

「今からスーパーに行ってくるね」

友里さんは、内心、夫が「僕が自分でうどんでも作るよ」「じゃあ外食してくるよ」と言ってくれると期待していたが、返ってきたのは「簡単なものでいいから、よろしく」。

思わず、ブチ切れた。

夫はようやく「じゃあ、これからはできることはするよ」と言ったが、翌日の夫ときたら……。

「友里ちゃん、大事な話があるから座って」と、夫が神妙な面持ちで声をかけてきた。何かと思えば、「お風呂のシャンプーが切れている」。

――ええー！　バカ？　これが、自分にできること!?

家で2人でいる時も、友里さんはインターネットで娘の病気について調べてはピリピリしていたが、夫はお笑いのテレビ番組を観て「あのタレント、髪型を変えたよねー。あはははー」と笑っていた。

無視されているのが分かっていない夫

余命が知らされず、悶々としていた友里さんは、セカンドオピニオンを受けに違う大学病院を訪れた。「あと、どれくらい生きられるのか」と食い下がると、もって半年と分かった。それなのに、夫は家に帰るとそうそうにシャワーを浴び、テレビを観て笑い、そして、友里さんがご飯を作ってくれるのを待っている。

——あなたの心臓と娘の心臓を取り換えてよ！

どうしても、そう思ってしまう。夫に殺意を覚える毎日。夫の顔を見るのも嫌で、嫌で、たまらない。

娘の退院後は家族3人で残された時間を笑って過ごしたいと思ったが、何も考えていない夫とは楽しい会話1つできない。「もう、この人とコミュニケーションするのやめよう。諦めて無視しよう」と、最低限の伝達事項しか話さなくなった。

半年後、娘はまだ元気に過ごしていた。その頃夫は「友里ちゃん、僕に何も言わなくなって、ご機嫌だね」と言い出した。「この人、無視されているのが分かってないんだ」とがっくりきた。友里さんの殺意を抱く頻度が高まっても仕方がない。

さらに、夫はしでかしてくれた。娘の入院中になんの相談もなく会社を辞めてしまったのだ。思えば、いつも「転職したい。ステップアップしたい」とは言っていた。しかし、普通は辞めないであろう一流会社を辞めて、就いた先は近所の工場だった。

——ステップダウンしてるじゃん……。

しかし友里さんは娘の病気のことで頭がいっぱいで、もう夫の行動なんてどうでもよくなっていた。

夫に給与の額を聞いたことはないが、源泉徴収票を見ると手取り300万円くらいしかないことが計算できた。「私がバリバリ働いていた時は、倍は給料をもらってた。私が辞めずに働き続けていれば良かったじゃん」と思うと、無性に腹が立つ。

夫に主夫になってもらって自分が働こうかと思ったこともあるが、夫では娘の世話がきちんとできない。毎日欠かさず飲まなければならない心臓の薬も忘れてしまう。夫に「ゴミ捨てくらいやってよ」と言うと、「なんで俺が」と文句を言われる。その瞬間も、心の中で「死ね」と思う。

——いったい、何ならお前はできるんだよ……。

3か月の入院生活の間に「こいつは父ではない」と思った時から、夫を「おっさん」と呼ぶようになった。今では娘も父を「おっさん」と呼んでいる。外に出た時と義母の前では、娘も気遣って「おっさん」呼ばわりはしないことにしているが、すると「お、お、お父さん」とどもってしまう。

当然、離婚を考えたが、そこに踏み切れないのは、病児を抱えてひとり親で働くことが難しいとわかっているからだ。

パート先が救い

心臓病のある子どもの多くは感染症が重症化しやすいため、友里さんは娘が風邪1つひかないよう、大事に育てた。娘は投薬による治療を続け、余命を超えて命をつないで成長し、もう小学生になった。友里さんは、土日に夫と一緒にいるのがうんざりするため、精神の安寧のためにパートを入れて夫のいない場所に避難している。もともと大手総合商社に勤めていて、働くことが好きだった友里さん。働くことそのものが楽しく、「また仕事しているんだ！」と思えるだけでも気分爽快になる。

パートとはいえ、働き始めれば急に残業が発生することもある。その場合やＰＴＡの集まりがある時に、一時的にでも学童保育に子どもを預けられないかと相談に行った友里さんに対して、役所は「心臓病があるなら無理です」と、取り付く島もなかった。

現在は医療機関で受付や助手のパートをしているが、娘が小学校の授業が終わって下校してからの預け先がないため、午後1時までしか働けない。これが午後2〜3時まで、あと1〜2時間でも長く働けるのなら、パートの選択肢も増える。しかし、学童保育に拒絶されているのでは、それすら許されない。こんな状況では離婚はまず不可能だ。

独身時代は、派遣社員の時でも時給1800円で働いた。それが今では時給950円。それでも良いほうだと思えてしまう自分が残念だ。今のパート先は、病気の子どもを抱え、1日3時間の週2日勤務という条件でも採用してくれた。パート社員同士も、「お互いさま」と急な勤務変更もやりくりしてくれる。そんなありがたい環境にいることが救いとなっている。

娘に七五三の記念写真も残してあげたいが、スタジオで撮れば何万円もかかる。娘をあちこち連れていくために電動自転車を買いたいが、10万円もする。夫の稼ぎでは買えないから、自分のお金で買いたい。だからこそ、節約のためにご飯を作ってからパートに出かけるのに、夫は娘と外食してしまう。そして、薬は飲み忘れ。娘に「今日、おっさん、ちゃんとしてくれた?」と聞くと、「おっさんねー、ずっと寝てたのー。私をほったらかし

Asahi Shinsho

朝日新書

で。だから1人で遊んでた」。

おいおい、妻のパートタイムの間の育児ですらできないのかよ。これでは、おちおち家を空けられない。

「死んでくれないかな」という想いを心に秘めたまま、友里さんは今もパートと育児に必死な毎日を過ごしている。

第三話　夢追い夫との家庭内戦争――39歳・主婦

地獄の日々の始まり

新聞や週刊誌、テレビ番組などで、アスペルガー症候群やADHD（注意欠陥・多動性障害）について取り上げられることが増えている。実際に夫婦の間でコミュニケーションがあまりにもうまくいかず、「もしや夫が……」と思う妻は少なくはないようだ。

埼玉県に住む野村貴子さん（仮名、39歳）は、夫のあまりに理解できない行動に、「アスペルガーではないか」と疑ったことがある。

貴子さんは、現在専業主婦だ。結婚直前に働いていた職場は、連日終電帰りのハードワーク。「このままでは死ぬかもしれない」という過労状態だった。結婚前、気になってかかった産婦人科でも、排卵障がいを指摘され、不妊治療しなければ妊娠は難しいと宣告されていたことも退職を後押しした。

結婚を機に「ええい、辞めちゃえー」と、寿退社。すると辞めて2か月ほどで自然に妊娠していたことが分かった。また他の就職先を探すつもりでいたため、心の準備がなかったが、妊娠中は久しぶりに友人と会ってランチを楽しむなど、平穏な日々を過ごした。

7歳年上で堅実な企業に勤める夫は、まるで「安定株」。掃除も洗濯もするし性格も温厚。しかし、大誤算があった。

「地獄の日々だった」と、貴子さんは語り始めた。

その地獄は、妊娠初期から始まったという。

お腹の中の胎児の存在に幸せを感じ始めたのもつかの間、夫が突然、家を買うと言い始め、神奈川県の個人で営業しているような不動産業者の元に連れていかれた。マンションの一室にある事務所は、いかにも胡散臭い。業者が現れ「よろしくお願いします」と挨拶をすると、夫はその場で手付金らしき数十万円を払っている。「いったい、何???」と貴子さんの目は点になった。夫は「この人に任せたらちゃんと家が建つから」とだけ言って、それ以上の説明をしない。

埒が明かないため、何か手がかりはないかと部屋を探ると、夫が隠し持っていた本を発見した。どうやら夫は、土地を探して賃貸併用の家を建てたいと考えているらしい。しばらくすると、都内の物件情報が送られてきた。夫はそれを見ながら「この土地を見に行こうよ」と、あっけらかんとしている。

「ちょっと待ってよ。家を建てるなら、ちゃんと最初から私も参加させて。私、都内に住みたいなんて言ったことないよね。1人暮らしをしているお母さんの近くに住みたいって前から言っているよね。何をしようとしているかちゃんと説明してよ」

何を言っても夫は聞く耳を持たない。スイッチがオンになってしまった夫に勝手に決められては困るため、大きなお腹を抱えながら、土地探しについていった。

土地探しは出産でいったんは落ち着いたが、出産から半年経って、夫の土地探しが再開した。「もうやめてよ」「何をしたいか教えてよ」と詰問しても、ただ「お金が欲しい」としか答えない。夫の持っていた本を読むと、まず家を建て、それを担保にさらに借金をして大きなアパートを持ち、数億円を稼ぐというストーリーのようだ。夫は過去に株で数百万円損をしている。またか、と悟った。子どもが1歳になるかならないかの時、夫の「計画表」が見つかり、「ふざけんな！」と腹の虫が収まらず、数日間プチ家出した。当の夫は貴子さんが怒っているとは分からず「いつ帰ってくるの～？」とお気楽だ。

夫の暴走は止まらない

不動産問題で大ゲンカをして、警察を呼ぶくらいの騒ぎになっても、その翌日、夫はケロッとして「もう土地を買っちゃったから、新居の家具でも見に行かない？」と誘ってくる。思わず、ぞっとした。

どんな家にしようかと案内される物件は、どう見ても、工務店を安く買い叩いて建てたようなものばかり。そのうち、不動産業者に紹介された2級建築士とやらが設計の図面を持ってきたが、建築費用の見積もりどころかスケジュールすら一向に示されない。ようやく家の基礎部分ができたと思ったら、工事がストップ。

そうしているうちに建築士の事務所が倒産した。不動産業者が次の工務店を見つけてきたが、これも怪しい。しばらくするとそこも〝飛んだ〟。資金繰りが悪化したようだった。

新居は結局1年以上もかかって完成した。場所は、駅から徒歩10分で繁華街に近い。周囲は古い家が密集していて、どこかで火事でも起これば一帯が全焼しそうだ。地盤がゆるく、近くの線路を電車が通るたび、震度2くらいの揺れが起こる。3階建てのマンションだが、螺旋階段が玄関ドアに接続しない不備もあった。施工業者が途中で変わって、つぎはぎつぎはぎで建てたため、欠陥住宅そのものだった。

夫は45歳という年齢を考えず、銀行に勧められるがままに元金5000万円、返済期間30年のフルローンを組んだ。月々15万円の返済で、もともと住んでいた賃貸マンションの家賃より高い。建物のうち2部屋を賃貸用の部屋にしたが、その家賃収入は月11万円。入居しないリスクもあるし、メンテナンス代も必要なため、家賃収入は実質、右から左へ消えていく。

不動産のことで、離婚という言葉が出たことは数えきれない。子どもを抱えながら「あたしたちとカネとどっちが大事なんだよっ!」と叫んでも夫は、黙っている。

そうした夫の態度に「だんだん自分が狂っていく」と感じる貴子さん。思い切り壁を殴ったら穴が開いた。夫は人の気持ちは分からないが、物が壊れてしまうことは嫌がった。つかみ合いの喧嘩になり、貴子さんが倒れて壁に傷がついた時は、貴子さんより先に壁を心配した。

夫はアスペルガー？

人の気持ちの分からない夫のことを、貴子さんは「アスペルガー症候群なのではないか」と強く疑った。

アスペルガー症候群とは、コミュニケーションや想像力に困難を抱える「広汎性発達障害」の1つとされ、具体的には、①他の人との社会的関係をもつこと、②コミュニケーションをすること、③想像力と創造性の3分野に障がいをもつことで、診断されるという。①の社会的関係をもつということは、他の人と一緒にいる時に、どのように振る舞うべきかということ。②のコミュニケーションとは自分の思っていることをどう相手に伝えるか、そして相手の言いたいことをどう理解するかということ。③の想像力と創造性の問題とは、ふり遊びや、見立て遊び、こだわりと関係するという（東京都自閉症協会ホームページより）。

また、例えば『大人のアスペルガーがわかる』（梅永雄二著、朝日新書）によれば、発達障害研究のウタ・フリスは、アスペルガー症候群の特性として、▽決まったやり取りなら十分こなせる一方、親密な相互関係に入り、それを続ける才能はない。▽何かの関心事を熱狂的に追い求め、それに没頭する傾向があり、環境的に恵まれれば満足の行く成功に手が届くこともある。▽自分が関心あることは、相手がすでに聞いたことがあるかどうかにかかわらず、しゃべるのが大好き——などを挙げている。

貴子さんが雑誌にあったチェックリストを試すと、夫はアスペルガーそのものに思えた。子どもが自治体の1歳半健診でアスペルガーの疑いを指摘されたことも、貴子さんの疑念に拍車をかけた。

ここで、夫が本当に病気であったとしたら、必要なのは適切な治療に向かわせることだろう。しかし、本人が自らの病いを受け入れることがとりわけ高いハードルであるのは、専門家も認めるところだ。

その後の検査で子どもの疑いが晴れたことや、夫は仕事の面では問題がなかったことで、貴子さんもこの件をそれ以上追及することはしなかった。

しかし、それからも貴子さんの苦難の日々は続く。とにかく1年365日、毎日「あいつ死ね」と思っていた。夫とは話し合いにならず、貴子さんはいつも怒っては熱を出した。1か月のうち1日も元気な日はなかった。怒りで自分が死にそうだった。

子どもを虐待同然に

その後貴子さんは、怒りを抑えられず、物を投げつけ、自分の頭を床にバンバンと叩きつけるようになり、婦人科や精神科などのクリニックを回った。子どもにも当たり、叩いてしまうこともあった。子どもを虐待していると気づいた貴子さんは、夫と子どもと3人で児童相談所に足を運んだ。

厚労省によれば、児童虐待相談に行政が対応した件数は年々増加している。2014年度（速報値）は8万8931件で、過去最高を更新した。傾向として「身体的虐待」「心理的虐待」「ネグレクト」がそれぞれ3割、「性的虐待」が数％ある。

児童相談所の相談員からは、「旦那さん、引っ越したらどうですか」とアドバイスされたが、夫はだんまり。最終的に夫はしぶしぶ引っ越しを承諾したものの、問題が残った。この時、既に子どもの通う幼稚園が決まっていた。家の周囲にはお受験のための幼稚園が多く、決まったスケジュールをこなすようなところばかりだったなかで、近所でも自由保育を重視した幼稚園を探し出していた。夫婦喧嘩の影響を受けた子どものためにも、自分の意思を尊重してくれる幼稚園に通わせたほうがいいと判断し、やむなく引っ越しを断念した。

生まれてからずっと怒鳴りあいの喧嘩にさらしてきた子どもには、悪いことをしたと胸が痛む。これは、心理的な虐待だと反省した。子どもは心が不安定なのか、周りからの反応に無関心だ。友達から遊ぼうと誘われても、ぼーっとしている。同じくらいの年齢の子どもたちが、わー、きゃー、と盛り上がっていても、その中に入れず、貴子さんの足にしがみついて離れない。

離婚はしなかった。精神的な虐待をしてしまった子どもの傷口を広げたくなかったからだ。いつもいた人がいなくなる。子どもにとっての家族を壊したくはなかった。夫は許せないが、子どもには関係ない。「腐っても、この子の父親なんだ」と思うと、相手が死ねばいいとさえ思っても、離婚には踏み切れなかった。幼稚園に通いだした頃、子どもは少しずつ自分の気持ちを口にし始めた。ここを乗り越えたら、周りの子たちと同じようになれるのではないか。だったら、なんとか家族が仲良く暮らせる道を作ることはできないか。そう考えが転換した。すべては子どものためだ。夫はしょせんは他人と思い、何も期待しなければいいのだ。

悪いのは適当な相手と結婚したこと?

子どもは父親が好きなようだ。貴子さんは出産してからすぐ再就職を考えていたため、最初から夫に家事や育児の分担を意識させた。母乳をあげること以外は夫にもきちんと家事と育児をしてもらっていたため、子どもは父親になついていた。この子にとっては、父親。「あいつは悪い奴」と言って育てるのはいけないと思い、はらわたの煮えくり返る思いを封じながら、子どもには「お父さん、大事に思っているよ」と話してきた。一方で、繰り返し繰り返し、心の中で「死ね」と念じていた。

——それにしても、あんな奴と結婚しなきゃよかった。

夫に何百回「死ね!」と力を込めて言ったか分からない。喧嘩をしてテーブルをバーンと倒した。クリスマスツリーを倒して家の中をメチャクチャにしたこともあった。その時だって夫は黙ってぽかーんとしていた。

そもそも30歳を過ぎて、「収入も安定しているし」と、適当な相手と結婚したのも悪かったのだろう。自分に非があったような気がしてしまう。

本当はもう1人くらい子どもが欲しかったが、不動産投資問題が発覚したことで、産後から一切そういったことはしていない。夫が誘ってきても「触るんじゃねーよ」と完全拒否。義母にも「2人目は？」と聞かれるが「バカか」と思ってしまう。夫は「（セックス）レスは離婚の理由になる」と主張してきたが、触りたくも、触られたくもない。同じ箸を使うのだって無理だ。改めて考えると、夫はどういう存在だろう？　ルームメイト？　今や、夫を「おっさん」と呼んでいる。完全に、じじい扱いだ。

——ああ、あいつが早く死んでくれたら、他の男性と人生やり直せるかもしれない。いや、もうあいつのせいで疲れて燃え尽き、恋愛するエネルギーなんてない。私、枯れ果てたなぁ。

——あーあ、結婚前に戻ってやり直せたらいいのに。可愛いこの子と出会うためにダンナと結婚したと思わなければ、やってられないわ。

貴子さんは本当は、産後しばらくすれば仕事を探して、また働こうと考えていた。ところが夫の不動産投資問題で心身はズタズタとなり、それどころではなくなった。今や貴子さんは疲れ切ってうつ状態となり、もはや思考も停止している——。

＊

社人研「第14回出生動向基本調査」の「結婚と出産に関する全国調査　独身者調査」を

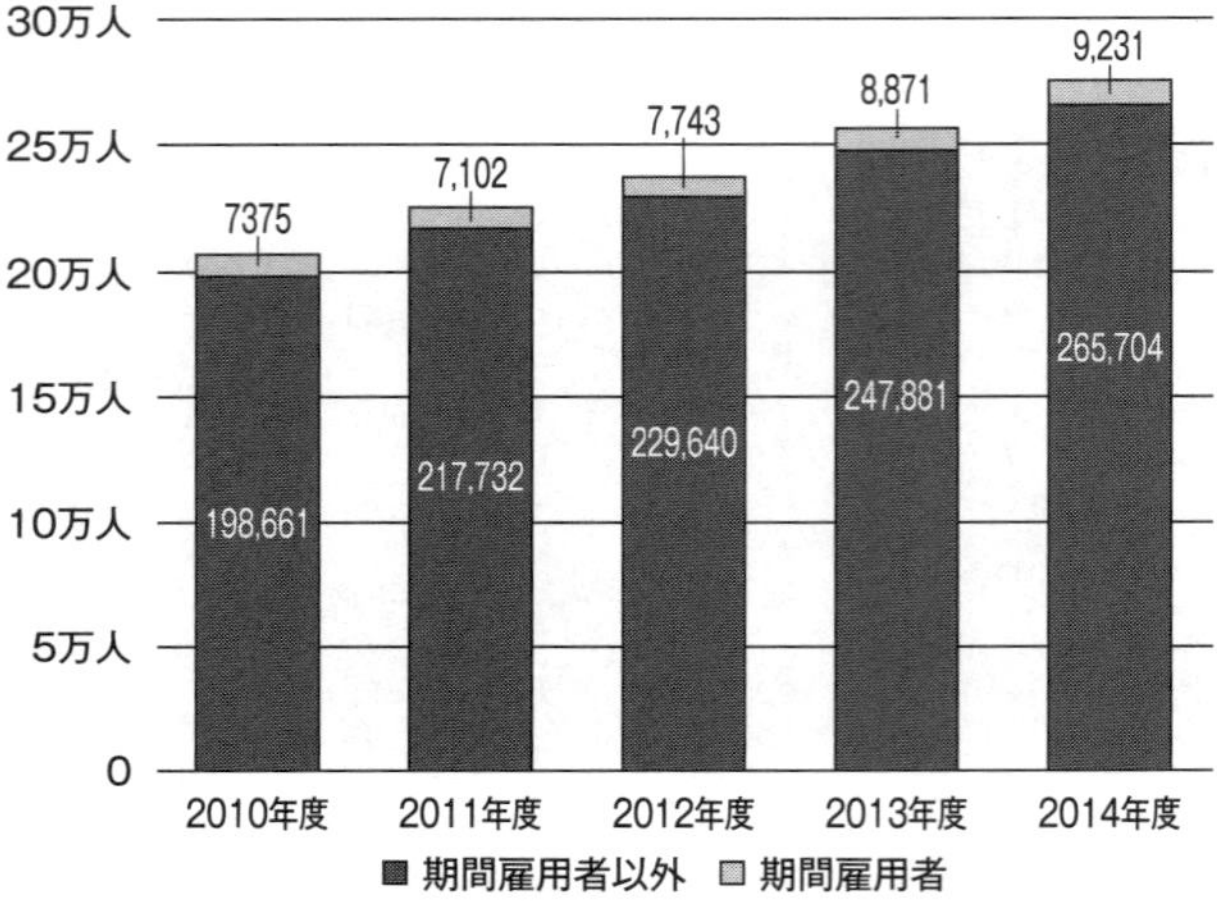

［図 2-4］ **育児休業給付金の初回受給者数の推移**

出所：厚生労働省資料より作成

見ると、「女性の予定ライフコース」（実際になりそうだと考えるライフコース）のなかで「専業主婦コース」は約1割に留まるのに、「女性の理想ライフコース」では「専業主婦コース」は約2割となっている。経済状況などが許せば専業主婦になりたいと考える女性が5人に1人はいることになる。

これは、雇用環境も影響しているだろう。特に就職氷河期に社会に出た1970〜80年生まれの女性にとって、正社員、非正社員を問わず、結婚し子育てしながら働くには雇用環境が悪化している。

25〜34歳のいわば妊娠適齢期の女性の非正社員比率は4割にも上るが、彼女たちの育児休業の取得は、事実上不可能に近い。厚労省によれば、育児休業給付金の初回受給者数は全体で27万4935人いるが、そのうち非正社員はたった9231人で、全体の3・3％に過ぎない（図2－4）。育児休業が取れないのだから、どのみち産後は無職となり、しばらく専業主婦になるしかない。

内閣府「男女共同参画白書」（2014年版）によると、「結婚後は、夫は外で働き、妻は家庭を守るべきだ」という考え方について独身男女に賛意を尋ねた調査では、若い世代ほど、また教育段階が高い層ほど、賛成者の割合は低くなっている。確かにだんだんと男女の意識差も縮まっていると言えるかもしれない。

しかし実際は、若い世代であっても性役割分担の意識が強ければ、望んで専業主婦になった妻もハッピーとなるわけではない。そこにはまるで昭和の高度成長期の夫婦像が浮かび上がってくる。

第四話　二世帯住居という牢獄——34歳・主婦

「好きで専業主婦になったんだから」

飲食店で働いていた神野理恵さん（仮名、34歳）は、「家のことや子育てに専念したい」と、結婚を機に25歳で仕事を辞めた。3歳年上の夫は居酒屋の店長で、ランチから深夜までという店の営業時間に合わせ、朝早くに出かけて夜は深夜から明け方まで帰ってこない。土日も会議が入るため、家にはいない。夫は家事と育児を完全に妻任せにする亭主関白となった。

27歳、29歳、32歳で3人の子どもを産んだ。全員男の子。今、幼稚園に通う中子と2歳の末っ子が、とにかく手がかかる。一緒にいれば、常に小競り合いが始まって泣きわめく。そのうち上の小学生の子どもが帰ってくれば、宿題を見てあげなければならない。

3人目が生まれたばかりの時は、理恵さん1人ではお風呂に入れるのも一苦労。赤ちゃんを小脇に抱えて中子の体を洗っていると、ちょっと目を離した隙に年長の子が浴槽を覗き込んで、じゃぼん。あやうく溺れそうになるなど、冷や冷やの連続だ。

散歩や買い物に出るのも至難の業。ベビーカーに赤ちゃんを乗せて上の子を歩かせようとしても、他の子が途中でベビーカーに乗りたがる。もしくは抱っこをせがむ。「抱っこしたらベビーカーを押せないから、おんぶでいい？」と聞いても理解してくれない。

「ちょっとは手伝ってよ！」と、夫にヒステリーを起こしても、「好きで専業主婦になったんだから、当たり前だろう。俺は稼いできて疲れてるから」としか言わない。そして家では、1人ビールを飲んでリラックスし、最終手段は狸寝入りだ。

転機は理恵さんが40度の高熱を出した時だった。さすがの夫もなんとか仕事の時間をやりくりして子どもを見てくれたが、ものの1~2時間でギブアップ。すると次の正月に親戚が集まった時、「理恵も大変だからさ、うちの親に手伝ってもらおうよ。そろそろ家も建てたほうがいいし、どうせなら二世帯住宅にしよう」と皆の前で言ってしまった。

理恵さんは顔がひきつるのを抑え、愛想笑いで「それも良いかもしれないですね」と社交辞令で答えたつもりだったが、舅と姑は即座に「ええー、嬉しい！」と盛り上がってしまった。なんとか食い止めたかった理恵さんだったが、正月明けにさっそく夫の父親が1000万円もの大金を持参してきた。もう断り切れない。かくして二世帯住宅が建ち、同居生活が始まった。

まとめて逝ってくれないかしら

理恵さんの負担はますます大きくなった。キッチンを1つにしてしまったため、炊事は理恵さんの役割となったが、姑はいちいち味に文句を言っては調味料を加え、嫌な感じだ。一方で期待した「孫の面倒」は、ほとんど見てくれない。まだ元気な義理の両親は、自分たちの趣味のほうが優先だ。夫は超長時間労働で相変わらず家にいないため、息が詰まる。

しかも夫は、そんな理恵さんの気持ちを察することなく、帰宅するとビールを飲んでぷはーっ。文句を言おうものなら義母が口を挟んできて、「一生懸命働いて疲れているんだから、それくらい許してあげなさい」と説教が始まる。洗濯ものを干していて雨がぱらつくと、「理恵さん、雨、雨よ」と大騒ぎ。自分で取り込めっつーの、と小さくつぶやくしかない。

——もう、夫も義母も義父もまとめて逝ってくれないかしら。

二世帯住宅まで建ててしまい、3人もの乳幼児を抱えた専業主婦の身では、どうにもならない。もう、胃潰瘍になりそうな毎日だ。

救いは、今では年長の子が気を利かせて家事を手伝い、弟たちの面倒を見てくれることだ。理恵さんは、「この子たちは、絶対にいい男になるよう育てなければ」と、夢を描いて気を持ち直している。

*

筆者が若者の労働問題を取材し始めた頃の2005年、労働法制の規制緩和を強く推し進めていた八代尚宏氏（日本経済研究センター理事長・当時）は、こう言っていた。

「低成長で人口減の少子化社会では共働きが前提となり、エリートサラリーマンだけが特権として専業主婦をもてるようになる。今後、専業主婦はステータスシンボルになる」

それから10年以上が経った。2005年に988万世帯だった共働き世帯は2014年には1077万世帯に増え、863万世帯だった専業主婦世帯は720万世帯に減った。その差は、約3倍に膨らんでいる。

「妊娠解雇」などではなく、経済的に豊かで働く必要がないために望んで専業主婦になるケースは、確かに多くはないはず。とすれば八代氏が予想したように、専業主婦をステータスシンボルとして位置づけることも可能かもしれない。しかし、彼女たちは本当に幸せいっぱいで暮らしているのだろうか。

第五話　セレブ主婦の仮面の裏側——39歳・主婦

エリート夫と結婚して寿退社

都心の一等地に住む田川明日香さん（仮名、39歳）は、ブランド品で身を固めて、いかにもな幸せオーラを出している専業主婦。ゴミを出すだけでもばっちりメイクをしてから玄関先に立つ。片時も離れず4歳の子どもと過ごす毎日。「見て、見て。私、こんなに幸せなの」と言わんばかりの目力に圧倒されそうになるが、それは外向きの顔。家の中では全く違う生活を余儀なくされている。

商社に勤める夫はとにかく忙しく、土日もほぼ働き詰めだ。ゴルフの付き合いも多く、休みの日に家にいることは月に1、2度あるかないか。同じ会社で一般事務職だった明日香さんは、27歳の時に出世コースを歩む10歳年上の夫と職場結婚。絵に描いたような寿退社だった。

ところが結婚すると、夫はまるで明日香さんを家政婦扱い。部屋の中でちょっと埃を見つけると、指でさわって見せて「これ、なに？」。それでも都心の誰もが憧れる地域に家を建てて暮らすステータスを考えれば、我慢ができた。

早く子どもが欲しかったが、夫はなかなか家に帰らず、子作りに積極的になってくれない。その間、姑からは「まだ孫はできないの？」と何度も聞かれ「あなた、ちゃんと努力しているのかしら」と夜の生活にまで口を挟まれた。それを夫に訴えても、パソコンか新聞に向かって聞こえないふり。浮気をしているようなそぶりもあったが、見てみぬふりをした。結婚から7年経って、やっと子どもを授かった。

娘が生まれると、エリート一家で育った夫は急に教育に目覚め、0歳のうちから英語を習わせ始めた。2歳でリトミック、3歳でピアノとバレー。育児書やインターネットの育児サイトを見ながら、月齢に応じた発達が少しでも遅れていると「お前、何やってんだ。仕事してないんだから、教える暇あるだろう」と明日香さんをなじった。そのうち、「お前が短大しか出てないから、娘も頭が悪いんじゃないか」と言い始め、「すみませんでした。もっと努力します」と反省させられた。内心「このやろう」と思ったが、夫の威圧感に押されて決して言えない。「あーあ、もう悔しい！」と思っても、見栄があるため友達にも打ち明けられずにいた。

そのうち、近所の公園で同じ年頃の子どもを見つけては、「ねぇ、もうひらがな分かるの？　数字は？」と根掘り葉掘り聞いては、「えー、まだ分からないんだー。うちの〇〇ちゃんなんて、もう書けるよー」と嫌味を言う自分に気づいた。ハッと我に返っても、他の子と比べるのをやめられない。「あれー、まだ三輪車に乗ってるのー？　可愛くていいねぇ。うちの〇〇ちゃんなんて、危ないのに自転車に乗るんだもん」とまた言ってしまう。

夫の今の最大の関心はお受験だ。娘はお受験に強い幼稚園に入園したが、少しでも出来が悪いと「お前の育ちが悪いんだ。お前の親はどういう教育をしてきたんだ」と、実家の悪口が始まってしまう。さすがの明日香さんも、自分の親まで悪く言われれば腹が立つ。「それは、ルール違反じゃないの？」と、だんだんと憎しみの念が生まれてきた。

みじめな自分をブランドで隠して

思えばいつも夫は家にいなくて、ほとんど母子家庭のような生活だ。気晴らしに少しパートに出てみたくても、「俺の稼ぎに不満はないだろう」と許してもらえない。「子どもが3歳になるまで母親は育児に専念したほうが良い」という「3歳児神話」さながら、夫は「こんな小さい子がいて働きたいなんて、なんて女だ。お前は母親か！」と脅迫まがいだ。

洋服やバッグは夫も見栄があるのか、高級ブランドの物を買ってくれる。しかし生活費などの出費は申請制で、ママ友とランチに行きたくても却下される。娘の玩具1つ買うのだって目的と効果と値段を聞かれ、教育的でないと判断されれば却下だ。もらった生活費を切り詰めて100円ショップで子どもに好きなものを買ってあげたのが見つかると、「なんでそんなもの買ったんだ」と嫌な顔をしてしつこい。

外で見せる顔と家の中での自分のギャップがありすぎて、みじめな自分をメイクやブランドの服という鎧で隠すしかない明日香さん。こんな生活もう嫌！と思っても、夫にがんじがらめにされ続けてしまって、そこから心理的に抜けられない。

——そうだ。夫が死ねばいいんだ。

明日香さんはふと思ってしまった。

夫のせいで、だんだん嫌な性格になってきた。人と比べて、自分や娘が上だと感じることでしか、幸せを感じることができなくなった。まるで自分が上だとアピールしなければ気が済まない〝マウンティング女子〟だ。そんな人生でいいのだろうかと悩んでしまう。

夫は明日香さんに「俺はお前に3食昼寝つきの生活を保障してやっている。幸せだろう」と恩着せがましいが、忙しくて、昼寝なんて余裕はない。夫が娘の教育を気にするたびに、心の中で「私がいるから、あなたは仕事ができるんじゃないの。もうお願い、死んじゃって」と叫んでいる。

*

専業主婦は、夫の「稼ぎ」で生活させてもらっているという引け目を感じて我慢しがちだ。しかし、彼女たちが行っている家事はれっきとした労働であり、経済学的には「無償労働」として評価されるものである。

内閣府経済社会総合研究所国民経済計算部の「家事活動等の評価について」(2013年)によれば、2011年時点の「無償労働」、つまり家事労働の推計額は、138兆5000億円~97兆4000億円となっている(計算方式によって異なる)。年間の無償労働評価額と無償労働時間は、女性の場合は専業主婦がもっとも多く、それぞれ50兆円、3618万時間となっている。共働きの場合は、それぞれ38兆5000億円、2651万時間となっており、当然、専業主婦のほうが無償労働を担っている。

これらを1人当たりで見ると、男性は51万7000円~29万2000円だが、女性は192万8000円~142万2000円。全体で女性は男性の4・9倍の時間を無償労働に費やしている。その意味で、本来は、専業主婦も稼いでいるのである。

そうした専業主婦の「内助の功」に想像力をめぐらすことができず、「食わせてやっている」という意識でいる夫に縛られて、息が詰まる妻は少なくない。

ここまで、子どもがいるため離婚に踏み切れないケースが多く紹介してきた。では子どもが授からなかった夫婦の場合はどうか。子どもがいなくても、経済的に別れられないこともある。そして、子どもがいなくて経済的にも自立していても、離婚を選ばず夫に死んでほしいと願う妻もいる。

第六話　欲しがる妻と欲しがらない夫――47歳・主婦／35歳・正社員

協力してくれない夫

夫が不妊治療に消極的で、子どもを諦めた加藤直子さん（仮名、47歳）の恨みは大きい。

金融機関で働く夫と職場結婚。一般職だった直子さんは当然のように寿退社した。結婚当時、夫は30歳で直子さんは35歳。姉さん女房らしく、完璧な家事をして夫を支えていた。

夫は、ごろにゃん、と言わんばかりに直子さんに甘える仲の良い新婚生活だった。

その頃、夫は仕事に油がのっていて連日帰ってくるのは午前様。接待も多く、お酒を飲んで帰ってくるため、ベッドに入れば、ばたんきゅー。すぐにいびきをかいて寝てしまう。それも出世を考えるならやむを得ないと理解していたが、2年も経つと直子さんは「そろそろ産めなくなるのでは」と心配になった。

やがて夫の周りで同僚の妻の出産ラッシュが訪れると、夫も子どもが欲しいと思うようになっていった。これはチャンスだと思ってトライするようになったが、なかなか子どもが授からない。婦人科クリニックで受診すると、直子さんは卵胞が大きくなりにくく、排卵もしないことが多いため、不妊治療が必要だと分かった。医師から「ご主人も一緒に来てもらって検査をしましょう」と言われたが、夫が渋って半年ほど経ってしまった。なんとか説得して夫の精子の検査も行うと、正常だと分かった。夫は「あー、良かった。俺に原因がなくて」とつぶやいた。夫は「〝種なし〟だったらどうしよう」と考えて検査に行きたくなかったようだ。実際、不妊の原因の半数は男性にある。

ただ、その時点で38歳になっていた直子さんに医師は「1か月でも無駄にしてはいけない。すぐに人工授精からでも始めましょう」と勧めた。不妊治療には夫の協力が欠かせない。人工授精や体外受精の説明を一緒に聞くまでは良かったが、それを実行するには夫の役割として、自宅かクリニックでの精子の採取、つまり、夫が自慰行為をして新鮮な精子を取り、人工授精であれば直子さんの子宮内に注入するといった必要がある。クリニックにある個室を見学すると、夫のモチベーションが下がってしまい「ここまでする必要あるのかなぁ。自然妊娠でいいんじゃないの」と言い出してしまった。

不自由のない生活に感じる空虚さ

夫がその気にならなければ話は始まらない。直子さんはやむなく、しばらくの間排卵できるような治療を受けて、タイミングを計って自然妊娠を試みた。ホルモン剤を注射して卵胞を育て、さらに排卵する頃にもホルモン剤を注射して排卵を促すのだが、人によっては副作用がある。直子さんは、吐き気やめまいにおそわれたが、「これは必要なこと。悪阻と思って我慢しよう」と耐えた。しかしそれを半年続けても妊娠しなかったため、いよいよ医師から「もう、少なくとも人工授精にしたほうがいい」と宣告された。

ただでさえ早朝から夜遅くまで仕事詰めの夫だ。「この日に精子を持ってきてくださ い」と指示されても、朝は仕事に間に合わずにいそいそと出勤してしまう。精子を入れる容器を渡して寝室を後にしても、夫が萎えてしまったりと、結局人工授精は1回しかできなかった。それでも妊娠しないとなると、夫は「もう、いいよ」と全く協力をしてくれなくなった。直子さんが39歳の時に、夫婦の間に不妊治療という言葉が消えた。

それ以降、排卵日を狙っての性行為もなくなっていき、夫は仕事三昧。だんだんと肌を重ねる回数も減り、2〜3年後には全くなくなった。

「40代の初産も珍しくない。45歳までは、まだ諦めきれなかった」と、直子さんは涙を浮かべる。

実際、2014年は母が40〜44歳で4万9606人、45〜49歳で1214人、50歳以上でも58人が出産している。体外受精で生まれた子どもは2010年で2万8945人いる(日本産婦人科学会)。それを考えると、悔しい想いがしてくるが、直子さんは胸の内に秘めている。

ただ、それ以外では仲の良い夫婦ではある。夫はどんどん出世して、年収も2000万円近い。都心の高級マンションに住み、年に数回は海外旅行を楽しむという何も不自由のない暮らしを送っている。

しかし、直子さんには子どもという存在が足りなかった。その空虚さは、どんな贅沢な暮らしでも補えない。
――クリニックに行った最初の時、まだ私は37歳だった。あの時すぐに不妊治療をしてくれれば、子どもができたはず。

そう思うと、「私の人生は大きく変わった」と思えてならない。テレビなどで40代後半の出産が話題になると、「もしかすると、まだ可能性があるのではないか」と思えて焦燥感にかられてしまうが、既に夫はのほほんと、夫婦2人の気楽な生活に浸っている。

そんな時、「今から離婚して自立なんてできない。50歳を目前にして、今さら他の人とやり直すこともできないだろう。あんなに欲しかった子どももいないなら、いっそ、夫が死んでしまったほうが、諦めがついてスッキリするかも」と思ってしまうのだ。

いじけ癖の甘えん坊夫

あえて子どもを持たない選択をするDINKS（ダブル・インカム・ノー・キッズ）の夫婦も、一筋縄にはいかないようだ。典型的なDINKSカップルの高木彩香さん（仮名、35歳）と夫（36歳）。夫は甘えん坊といえば可愛いが、ほぼ子どもに近い。30歳で結婚してからというもの、家事はすべて彩香さんが行っている。洗濯物が溜まって夫のシャツが残り1、2枚となると、夫が泣きそうな顔をして「もう着ていくものがない」と訴える。

夜11時過ぎ、お弁当を買って帰宅した彩香さんが一人で食事を済ませているところに帰ってきた夫が「僕のご飯は?」と、また泣きそうな顔をする。「ええ? こんな時間なんだから、自分で食べてくるか買ってきてよ!」とヒステリックにもなる。とにかく、どんなに残業で遅くなっても家で食べたいらしい。しかも、自分で作るわけでもなく、彩香さんに食事の用意をしてほしがる。「めんどくさっ!」と口走ろうものなら、夫はしゅーんといじけてしまうため、「ごめん、ごめん」となだめるしかなくなる。

〝仕事人間〟の彩香さんは、特に子どもを欲しいと思わずにきた。仕事をセーブしなければならなくなると思うと、むしろ子どものいる生活を躊躇してしまう。夫もさほど子どもに思い入れがなく、「妻と一緒にいればそれでいい」というムードだ。2人の間では、「もし本当に子どもが欲しくなったら、その時に考えよう」という気持ちで一致している。そして、彩香さんにとって夫そのものが子どものようで、「これ以上、面倒を見るなんてできない」という本音もある。誰かの世話をやくために自分の仕事の時間が奪われていくのが許せない想いがしてしまうのだ。

「専業主夫になる」と言い出され……

この甘えん坊夫は、とにかくめんどくさい。彩香さんが夫の年収500万円を超えた時、夫はいじけてしまった。「僕なんて、どうせダメな男だと思っているんでしょ」と言って、数週間、口をきかない。彩香さんの収入が上がっていった頃、夫は仕事でつまずいていたようだった。「もう、僕、専業主夫になる」と言い始め、本当に仕事を辞めそうになった。

——おいおい、ちょっと待ってよ。私の収入が上がったからって、あんたを養っていけるほどじゃないんですけど。

なんとかなだめたが、外食すればメニューを見ながら少しでも高いものをオーダーしようとすると「いいな、彩香はお金持ちだから、高いもの選べて」と嫌味を言う。支払いの時も、それまでは交互に払っていたのに「僕、お金ないし」と払わなくなった。新しい洋服やバッグを買った時にそれがブランド物だと分かると「いいな。僕なんてユニクロしか買えない」と、じめじめしたムードになる。

「ちょっと、なんか文句あるの？　うるさいな」とキレると、「すみません。甲斐性のない夫で」とすねる。

彩香さんが、「こんな風になるなら、離婚するよ」とポロっと口にした瞬間、夫は「もう人生終わりだ。僕は死んでお詫びします」とベランダに出て飛び降りそうになったので、その時は「洒落にならない！」と必死に止めた。なだめると落ち着いて、もとの甘えん坊夫に戻るのだが、内心「自殺は勘弁してほしいけど、マジ死ねば。めんどくさい」と思ってしまった。

そろそろ、夫婦2人の終の棲家を購入しようと考えていたが、彩香さんは「どうにか離婚するか。でも、離婚だと言ってまた自殺しようとされたら困るし、どうしよう」と悩む。「最後は情なのかなぁ。本当に子どもみたいで見捨てられない」と苦笑いする彩香さんだった。

第三章

もう夫はいらない！
団塊妻の恨みは骨髄

夫に死んでほしいと思う――。それは若気の至りなどではない。リクルートのブライダル総研が行っている「夫婦関係調査」（2011年）では、40代が最大の危機。離婚のターニングポイントを迎えるという結果が出ている。2015年の同調査では、年齢全体として、「離婚をしたいと思ったことがある」夫は16・1％だが、妻は27％で上回る。

子育て期に生じた夫婦の軋轢、温度差、誤解、すれ違いなどを放置して40代、50代を過ごし、そのまま夫の定年退職を迎えると、夫婦関係は背筋も凍るようなものに変貌している。

第一話　部活未亡人の嘆き――40代・教師

毎日がとにかく部活中心

今教育界では、まことしやかに「部活未亡人」という言葉が囁かれている。教員の夫が運動部、とりわけ強豪チームの顧問だったりすると、クラブ指導につきっきりで全く家にいない生活となるためだ。

冬には雪深くなる地方で、自身も教員の佐藤明子さん（仮名、40代）は、嘆く。

「部活未亡人になるのは、妻が専業主婦で家事や子育てをしてくれる家庭くらいだと思っていた。同じ教師同士で結婚して共働きなのに、まさか夫がこれほど部活に明け暮れるとは」

夫は高校の硬式テニス部の名監督。地元で知らない人はいない。同僚には部活命の男性教員もいるが、みな妻は専業主婦だ。

明子さんは28歳で、当時同じ高校に勤めていた7歳上の夫と結婚した。異動した高校で硬式テニス部顧問に担がれた夫は、チームが全国大会に出場するような強豪になったことで、どんどん指導にのめり込んでいった。

夫が30代の頃は、毎日がとにかく部活中心で、平日は放課後にクラブ指導。それが終わってから教材の準備をするため、帰宅するのは夜10時を回る。休日は休日で、遠方に練習試合に出かけるため、朝6時前には家を出発し、帰ってくるのはやはり午後10時を過ぎる。残業は明子さんも多いが、夫はさらにゴールデンウィークは大会、お盆は合宿といった具合で、部活を休むのは大晦日と正月三が日だけだった。

こんな暮らしやってられない！

子どもが生まれてからは、夫の母と同居したが、家族で遊びに出ることは1年に1～2度あればよかった。夫の母と同居していると、学校行事の振替休日が平日にあっても、姑の目が気になって家にはいられない。本当は疲れてグッタリしているのに、姑から「平日に家にいるなら、あなたが家事をやりなさい」と言われかねなかったから、仕事のふりをして外に出た。

夫が部活でいないため、休日といえばまるで母子家庭。公園に出かければ、よその家庭は父親が子どもと遊んでいる。母親は家事をこなしたり、息抜きに買い物に出かけたりしているのだろう。天気の良い暖かい日には、全員でお弁当を広げてのんびり過ごしている家族もいる。

――2人目も生まれて、本当はうちだってそのはずなのに。

夫とはさんざん喧嘩した。「こんな暮らしやってられない！　別れよう！」。そう思ったことは100回や200回では済まない。

ただ、いつも踏みとどまったのは、生徒の存在があったからだ。「教師という仕事が好きだ」という明子さん。まがりなりにも、教育の現場に身を置いている。「私たちの仕事は、生徒の前に立っている時だけではない。人間として信頼される生き様を見せなければならない」。そう思うと、離婚を決断できなかった。結婚する時には、それぞれの生徒が教会で挙げた式に参列してくれていた。それなのに、「先生たち、別れたんだ」と思わせていいのだろうか。なぜ離婚するのかを生徒が納得するよう説明できるのか。教育的に良いはずがない……。

明子さんの大先輩である女性教員の夫もテニス部の顧問。その先輩たちと「テニス・ウイドウ（未亡人）の会」を作り、休日は子どもを連れてランチしながら夫の愚痴をこぼすのだった。

育休を取るのは女？

日頃から夫へのストレスが溜まっているため、夫の不用意な一言が怒り爆発の引き金を引く。最初に本気で別れようと思ったのは、育児休業を取っている時だった。

夜泣きのひどい娘は昼間も眠りが浅く、ちょっとしたことで泣いてしまう。特に音に敏感で、コンビニの袋がちょっとカシャカシャと音がするだけで、「ふぎゃー」と泣きだしてしまう。そうなったら泣き止むまで抱っこするしかない。40分くらいゆらゆらあやし、やっと寝たかなぁ、と思うそばからまた音がして泣いてはあやし、の繰り返しだった。

ある夜、いつものように泣いている娘をあやしていると、夫が怒りだした。

「お前なー、明日仕事なんだから、頼むから俺が眠れるように別の部屋に行ってくれ」

明子さんもふだんまとまった睡眠がとれずに朦朧としているところだったが、その瞬間、積もり積もった鬱憤が爆発。

「なんで育休を取るのが女だって決まっているのよ。父親が取ったっていいはずでしょ。今度、あなたの学校の校長のところに行って、夫に育休を取らせろと言ってやる」

「別れてやる」と心に火が付いた。

翌日、娘を連れて実家に向かった。途中で父親に電話を入れると、返ってきた言葉は「そういうことで帰ってくるなら一歩も家には入れない」。明子さんは踏みとどまるしかなくなった。

夫は何もしてはくれないし、そもそも、家にいない。もはや、部活の時間を少し減らしてほしいと言ったところで、喧嘩になるだけ。夫は怒ると物に当たり、なんでも投げつけては壊してしまう。壁を蹴って穴を空けたこともある。喧嘩が激しくなるだけだから、部活のことは次第に言わなくなっていた。

肝心な時に役に立たない夫

今まで娘たちの運動会が合計9回あった。部活で来ない夫の代わりに、明子さんは1人でビデオを回しながら、カメラで写真も撮った。「こんなことしているの、うちくらいだ」と思う。完全に母子家庭だ。1回だけ夫が運動会に来たことがある。「今年はビデオと写真を分担できる！」と思ったが、ビデオカメラを使い慣れていない夫はスタートボタンが分からず、娘の競技を撮影できないまま終わってしまった。

「あんた、何のために今日来たのよ！」。思わずヒステリックにもなる。

住んでいる地区の自治会は、通常は男性が役員に就く。ある時、珍しく夫が引き受けたと思ったら、肝心な時に「ダメだ。俺、大会がある」といなくなってしまった。挙げ句、地域の祭りでは、夫がやるはずだった役目を明子さんが代わりに果たした。

夫は「どこも同じ」と言って、自分の部活中心の生活を肯定する一方、明子さんが部活指導で帰りが遅くなれば、「女の先生はクラブ活動をやらずに早く帰っているだろう。なんでお前がやるんだ。お前の学校はそんなに人材がいないのか」となじる。同じ教員のはずなのに、理解していない。

——女は家のことをして、余った時間なら残業していいという発想があるからだ。

明子さんはそんな憤りを隠せない。

周囲でも、子どものいる女性の教員の多くは、終わらない仕事を持ち帰り、子どもの世話をした後の深夜にこなしている。共働きなら1週間おきに男女が入れ替わってもいいはずだ。夫は、いや男は、忙しいことを口実に、自分が家にいなくて当たり前と外堀を埋めている。

子育て中の女性は戦力にならないと思われる

そもそも、教員の働き方は男女ともに過酷だ。

育児休業から復帰して勤めた学校は、いじめ問題があったり、警察が介入するような事件が起こったりと、荒れている時期だった。生徒指導が強化され、教員たちは会議を連日重ねた。持ち前の熱心さで改善策を発言した明子さんだったが、育休前の明子さんの働きぶりを知らない新任の教員は「あなたみたいに休んで学校に来ない人が言う必要ない」と嫌味を言った。

――子育て中の女性は戦力にならないと思われる。子どもを言い訳にしていると見られる。

悔しい思いをした明子さんは、それ以降早く帰ることができる日でも、あえて帰らず居残り仕事をした。おかげで子どもは、朝7時から夜7時までの12時間も保育園に預けられることとなった。保育園で元気に過ごしてくれたから良いが、娘はどう思っていたのだろうか、と悩んだ。しばらくすると、明子さんは家から近くの学校に異動となり、担任を持たない年だけは、夜6時半から7時の間に自分でお迎えに行けるようになった。

放置される教員の過重労働

出産に際した教員の労働環境の厳しさがうかがえる調査がある。兵庫県教職員組合が育児休業中の教員に尋ねた「2014　カムバックセミナー参加者アンケート」（回答者54人）では、「妊娠障がいの症状があった」と約半数が答えている。切迫流産や切迫早産で入院治療が必要な人が多かった。また、ある地域の教員は、「育児休業を取りたかったら、自分で代替えの非常勤の先生を探してこい」と校長に言われたという。

これまで教育の現場では、現在の40人学級を30人学級にして、きめ細かい生徒の指導を実現することが悲願であるとされてきた。しかし一方で教員の過重労働は放置され、さらには財務省は、少子化を理由に２０２４年までに小中学校の教員を約3万７０００人減らす方針を打ち出している。

「教師は、心が涙するような感動をもらえる仕事」と明子さんは自負し、やりがいを感じながら働いてきた。教え子のなかには教師になりたいという生徒はたくさんいる。気がかりなのは、明子さんの娘が2人とも、「先生になりたい」とは絶対に口にしないことだ。ワークライフバランスという点では「親を見ていれば過酷だと思われても仕方ない」と自覚している。

家では疲れている姿ばかり見せてしまう母。しかも部活未亡人。そこが違っていたら、娘も教師になりたいと思ってくれたのではないだろうか。娘たちに、この仕事をどのように見せてきたんだろうか悩む。共働きの両親を持っている生徒を見ても、自分たちほど子どもと過ごす時間の少ない家庭はない。

過労死にさらされる教師

明子さんの下の娘の誕生日は、勤務先の文化祭の最終日と重なることが多い。片付けや見回り、打ち上げが終わって解散するのは、たいてい夜9時を回ってしまう。急いで帰宅しても、「生徒がお酒を飲んでしまったからすぐ戻ってきて」と呼び出しの電話が鳴る。誕生日のお祝いどころではない。

40代の後半になっても、テニス部の副顧問としてラケットを握っていた。おかげで、軟骨がすり減って股関節を痛め、足腰の悪い高齢者のような恰好になって手術をした。教材研究のため、夜11時頃まで残業するのが当たり前。休み時間はひっきりなしに生徒が相談に来るため、トイレに行く時間すらない。弁当を持参しても食べる暇がないため、職員室ではパンをかじりながら仕事をしている。

睡眠時間は平均3時間だ。まさか40代になって〝完徹〟（朝まで一睡もせず徹夜すること）をするとは思わなかった。

教員といえば安定していると思われがちだが、実態は過酷だ。全日本教職員組合が行った「勤務実態調査」（2012年）では、国が過労死ラインと定める「月80時間以上の残業」をする教員が35・8％だった。月100時間以上の残業をするケースも5人に1人という多さだ。

国際的に見ても、日本の教員は長時間労働となっている。経済協力開発機構（OEC

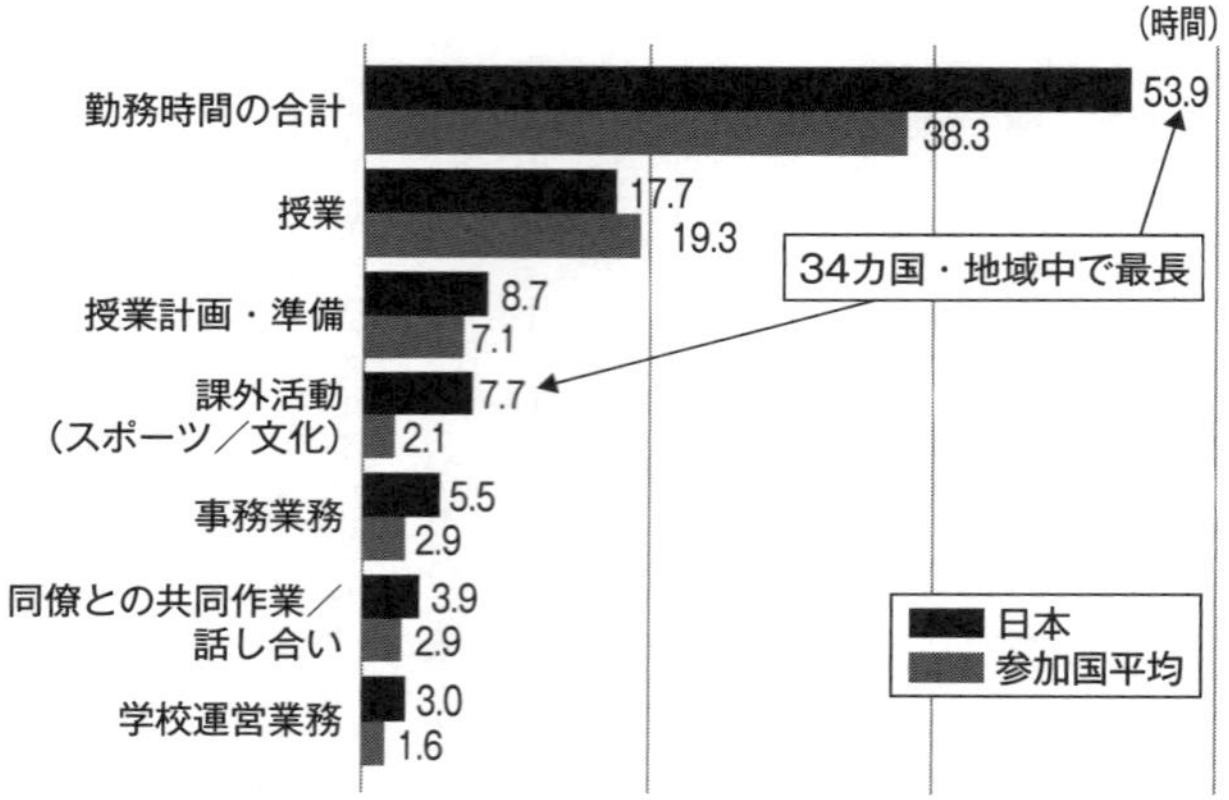

［図3-1］**教員の勤務時間の国際比較**

※日本を含む34カ国・地域が参加
出所：国立教育政策研究所「OECD 国際教員指導環境調査（TALIS）のポイント」

D）が２０１４年に公表した「国際教員指導環境調査」によれば、調査に参加した34か国・地域の教員１週間当たりの平均勤務時間は38・３時間であるが、日本のそれは53・９時間となっている（図３－１）。週労働時間合計も、そして課外活動の時間も日本が最長だ。

　明子さんの県内で、数年前に50代の高校教員が相次いで亡くなり、周囲では過労死が疑われている。うち１人は学校の研究室で亡くなり、翌朝登校した生徒に発見された。明子さんも夜11時を過ぎても夫が帰ってこない時は、万一を考え電話を入れるようにしている。「夜11時まで残業するのはやめて。

倒れても発見されないから」と明子さんはいつも夫に言っている。

韓流は〝お金のかからない不倫〟

夫は「自分が倒れたら娘に面倒を見てもらう」と言っているが、はたして要介護状態になった夫の世話を娘がするだろうか。明子さんは「腐れ縁だから、私は何もできなくなった人をパッと切れないだろう。でも、介護して幸せなんてこれっぽっちも思えない」と自信満々に語った。

それでも明子さんは、ふと思うことがある。クラブ活動もやらずに早く帰るような男性と結婚しただろうか？　おそらく、そんな男性には魅力を感じなかったと思う。明子さんも仕事が好きで、仕事への情熱や生徒への愛情の度合いが一致したから夫と結婚した。ただ今の夫とは、生まれ変わっても絶対に結婚しないと自信を持って言えてしまう。

「教育者として夫がいるのに恋人を作りたいとは言えないが、韓流ドラマにはまっている」という明子さんが夜中にドラマを観ていると、夫が「また韓流かよー」とぶつぶつ言っている。さらには「まさか、自分の家に〝韓流おばさん〟が出現するとは思わなかった」とまで。失礼な話だ。

明子さんは「いいじゃん。お金のかからない不倫だから」と言い返す。

テレビのニュースで、中学時代の教師を恨み続け、卒業して何年か経ってから刺したと報じていた。明子さんは思わず、夫の前でこうつぶやいてしまった。

「こういうニュースで夫を亡くした場合、普通の奥さんだったら『うちの主人は情熱を持って教育していたから、無念だったと思う』と言うだろうけど、私がインタビューされたら『刺した子の気持ちが痛いほど分かります。この子が刺してなかったら、私が刺していたかもしれない』と言うわ」

これは、「結構、本音だった」と、明子さんはほくそ笑む。

第二話　2番目に好きな人との結婚――58歳・看護師

40歳の転機

ここまで、夫のことを激しく憎んでいても、経済的な理由で離婚に踏み切れない妻の例をいくつか見てきた。しかし、経済的に自立できる専門職の場合でも、離婚を選択しないケースがある。女性の雇用の代名詞ともいえる看護師の浜野夏子さん（仮名、58歳）は、「夫に死んでほしいと思っているのは、まだ甘いね。愛情が残っている証拠かも」と笑う。

東海地方で看護学校を卒業し、地元の病院に就職した夏子さん。26歳で結婚し、27歳、29歳、33歳で出産して、2人の男児と1人の女児に恵まれた。3人の子育てもひと段落したような、しないような。仕事の面ではまだまだ現役で、後輩の指導にも余念がない毎日を送っている。何にでも前向きで姉御肌の夏子さんは、職場でも頼られる存在だ。

思い返せば結婚する時、相手は自分が好きな人と、自分を好きな人のどちらがいいかと考えていた。夏子さんは、自分が積極的に愛する人はたいてい自分と同じタイプだから、家の中でディスカッションしたりするのが楽しいだろうなと想像した。けれど、同じタイプの男性は、自分が一番でいたいだろうから、きっとおとなしい女性が好きだろう。だから、私らしく生きるには、自分と違うタイプの男性を選んだほうがいい。そう考えて選んだのが今の夫だった。

夫は普段は言いなりだ。議論をしても夏子さんに言い負かされるため、話さない。それなりに仲良く過ごしてきたが、40歳の時に転機が訪れた。不意に夫が「子どもがいなかったら、別れていたかも」と平然と言った。

――あんた、それって私に失礼なことを言っているって分かってない？

その瞬間、夫との関係は「もうないな」と思った。

40歳の頃といえば、夏子さんが忙しくなっていった時期だった。当時の夏子さんはオペ（手術）室のナース。看護師の仕事はどの部署だろうと忙しいが、オペ室は特に激務を強いられる。緊急オペが入れば残業がエンドレスのこともある。自宅にいても待機番があって、風呂に入る時も携帯電話を離せない。病院は24時間365日患者がいるため、当直勤務だってある。

同じ頃夏子さんは、社会運動にも参加するようになり、ますます忙しくなっていた。毎日、夜9～10時まで何かしら仕事が残っている。家でご飯を作る日が減り、子どもの保育園の送り迎えは行けるほうが行く。そんな生活に夫は不満を持っていたようだ。

「いつまで運動をするの？　俺はもう一杯一杯だ」と言い始め、大きな喧嘩になった。下の子が2人の足元をうろうろしながら「喧嘩しないで」と心配する。

「私だって精一杯やっている。遊んでいるわけじゃない」

社会問題に関心の高い夏子さんは、「やっぱりこいつはそういうレベルの人間なんだ。子どもの親ではあるけれど、もう男としては見切った」と悟った。

夫の加齢臭が耐えられない

他にも、夏子さんが夫への愛情をなくす大きなきっかけがあった。40歳の時、夏子さんの妊娠が分かった。今なら40代の出産も当たり前になっているが、当時はまだ少なかった。夫に「子どもができた」と告げると、「産まないでくれ」と、中絶するのがさも当たり前のように答えた。夏子さんは産みたかった。これまで3人の子育てをしながら働いてきたし、きっと4人いたってやってみればできるのではないか。

「仕事も運動も辞めて、家に入ってもいい」と食い下がったが、夫は「育てられない。40歳を過ぎて、今から保育園の送り迎えなんて無理」と冷たかった。

結局、その子を諦めた。それ以降、夫を完全に信じられなくなった。夫婦関係に重要だと思っていたためセックスはしたが、必ず避妊した。

夫は結婚前には測量の仕事に就いていたが、結婚する時になって「司法書士になりたい」と言って辞めてしまっていた。資格を取るまで夏子さんが支えることになった。試験に受かっていざ仕事を始めると、今度は「大きなお金を扱うのが怖い」と言って辞めてしまった。しかもそのことを夏子さんには知らせず、弁当屋でアルバイトをしていたことも発覚した。夏子さんが産休に入る頃の話だ。

――何それ？　私、看護師で人の命を預かっているんですけど。

その言葉をのみ込んだのは、せめてもの思いやりだった。きっと、情けなくて辞めたことを言えなかったのだろう。しかし、あきれて空いた口がふさがらない。

夫は本当に甲斐性がない。その後に勤めた中小企業で今も働き続けているが、もうじき60歳なのに手取りの月収は26万円。生活費を入れず、家族全員の携帯電話代5万〜6万円を毎月払うのみだ。中小企業は景気が悪く、最近はボーナスもなくなった。勤続30年で主任にはなったが、月給は6万円上がっただけ。夏子さんのほうが月給で10万円高く、ボーナスも出る。一戸建て住宅のローンはすべて夏子さんが背負い、繰り上げ返済で既に完済した。車のローンも夏子さん。夫は貯金すらしない。

ただ、子どもを可愛がる父親としてはいい人だ。酒は飲まず女遊びも借金もしない。だから、離婚はしなかった。夫をしばらくセックスフレンドと割り切ったこともある。しかし、それも嫌になった。「鼻につく」とはよく言ったものだと思うほど、夏子さんは夫の加齢臭が嫌でたまらない。

「だから女は家にいろ」との戦い

夫に死んでほしいと思っているか？　その筆者の問いに対する夏子さんの答えは、「3・11から嫌な言葉は使わないと決めている」

2011年3月11日、東日本大震災（東北地方太平洋沖地震）が起こった。改めて今の段階の被害状況を記せば、死者1万5894人、行方不明者が2561人（被害状況は警察庁発表、2016年3月10日現在）。災害でなくても、交通事故もあれば、突然死だってある。夏子さんが医療現場にいるからこそ、感じるところだ。人間いつ死ぬか分からない。「どんな人もいつかは死ぬ。あの人にそんな言葉を言ってそれが最後になってしまったら、自分が嫌になる。だから、どんなに嫌な人に対してでも、言わない。そう思うことが、自分への精神安定剤でもあるのかな。でも、心の中で想像するのは自由。相手に言わなければ、許されるんじゃないかな。あれ？　ちょっと、ずるい？」

そう話す夏子さんは、「ダンナに対して死んでなんて、まだまだ熱いよ！　あとがあると思うから言えること。死ねと思うのは嫌な政治家くらい」と笑い飛ばす。

――だって、もう、夫のことは何とも思わないもの。

そんな感情すら起きない存在、ということなのだ。

夫の存在ってなんだろう。正直もう一緒にいる必要はないが、これから結婚式を挙げる子どもたちのためには、両親がそろっていたほうがいいだろう。

夫には、もう浮気してもらって結構。すれ違いざまにお尻を触られても、ぞっとするだけ。夫が荷物をまとめて実家にでも帰ってくれないかと思う。そういえば、義母が元気なうちは別れないだろう。80歳を過ぎた義母はとても良い人だから悲しませたくない。

いや、もっと理由がある。

女が仕事をしている。女が社会運動をしている。だから離婚するんだと言われたくないからかもしれない。

――仕事も頑張り、社会運動も頑張った女性が離婚を選べば、世間はきっと「だから女は家にいろ」となるに違いない。だから別れないのかもしれない。

夏子さんの思いはこうだ。

「結婚してからも異性との出会いは意外にたくさんある。50代に入ったって、声をかけてくれる男性はいた。セックスだって、夫以外の人でいいじゃないか。ああ、あの時、本当は結婚しなくても良かったんじゃないだろうか。ヨーロッパのように、男女の関係が制度的にも成熟すればいいのに！」

若いうちに結婚して出産。それが良いように思えたけれど、子どもが欲しいことと結婚は別のものなのではないか。いつ1人になっても育てられるなら、心底好きな人と結婚して暮らすことも選べたかもしれない。子育ての制度が整っていないから、父親に向く「2番目に好きな人」と結婚して子どもを作ることになるのだ。それが夏子さんの結論だ。

団塊妻の密かな罠

本章で紹介している熟年夫婦の場合、前章までに登場した子育て真っ最中の世代とは時代背景も価値観も異なるため、より、夫への恨みが募っている。特に、この後で触れる団塊世代前後の恨みは、背筋の凍る思いがするくらいだ。

その前兆は、約10年前に現れていた。筆者は、『ＡＥＲＡ』２００７年5月21日号で、「リフォームで夫は『あちら』へ」という記事を書き、団塊世代の妻の密かな「罠」を描いていた。夫が50代後半に入った頃、定年後を視野に入れて始まる我が家のリフォーム計画。そこにはこっそりと夫を遠ざけ、お互い家の中にいても、あまり顔を合わせないように済むための設計が仕組まれているというものだ。

例えば子ども2人が独立して空いた2部屋。妻は、「あなたのために、書斎を作りましょう」とにこやかに言って、1部屋を夫の書斎に、もう1部屋を自分の寝室にする。すると、ごく自然な形でいつの間にか「夫婦別寝」（寝室が別々）になるという具合だ。一級建築士によれば、「リフォームで夫婦別寝にする家庭は約半数」ということだった。

夫を遠ざけるための口実はいくらでもある。「水回りを良くしたい」と言えば、夫は「リフォームは妻へのプレゼント。自分に美味しいご飯を作ってくれるのだろう」と期待する。「トイレをバリアフリーにしましょう」と持ちかけて、ついでにダイニングキッチンを広くする。その際に補強の壁を作れば、台所にいても夫が死角に入って見なくて済むようになる。

腰痛持ちの夫のために浴槽を低くリフォームする時に、「居間にノートパソコンを持ってきて居座る夫が邪魔だ」と妻は、客間に掘りごたつを作る。夫は掘りごたつでパソコン作業をするようになって、妻は居間で1人快適に過ごせるようになる――。

いずれも、退職した夫と四六時中一緒にいるのが苦痛だという団塊世代の妻の「罠」だったのだが、それは「夫婦円満」のためにあえて距離を置くものともいえ、まだまだ平和で可愛いものだったのだ。

「濡れ落ち葉」という言葉がある。定年退職後の夫が家にいてもすることがなく、妻にくっついて歩く様子を揶揄した言葉だ。そして、夫や父親が定年後に家にいて何もしなくなることを、柏木恵子・東京女子大学名誉教授は著書『おとなが育つ条件』で「粗大ゴミ化」と言い表した。第一章で記した「タンスにゴン、亭主元気で留守がいい」と比べると、夫への表現は激しくなっていく。

そして今、夫の死を切実に願っているのが熟年夫婦の妻の姿なのかもしれない。

これは、男性側から見ても感じるところのようだ。ある元企業幹部の男性（70代後半）は、ゴルフ場などで同じくらいの世代で集まると気づくことがあるそうだ。

「ご主人を亡くした女性は、しばらくは元気がなさそうにしている。けれども少し経てば、決まって装いがパッと派手になり、とても活き活きとして表情が華やいでくる」

ゴルフ場では、そんな未亡人を見た男性陣が「われわれは気をつけよう」と、ヒソヒソ話をしているそうだ。

少し前のものだが、参考になる調査がある。国立社会保障・人口問題研究所の石川晃氏による「配偶関係別生命表」では、配偶者がいるかいないか、死別か離婚かに分けた20歳時、40歳時の平均余命が算出されている。40歳時での死別と離婚を見ると、男女の余命に大きな差が出ていた。1995年のデータだが、男性が妻と死別すると余命は34・95年、離婚すると28・72年だが、女性が夫と死別しても43・32年、離婚しても40・49年と余命は長い。

世間一般ではよく「夫が妻に先立たれると、後を追うように逝ってしまう」と言われることが多いが、離婚のショックも大きそうだ。同時に、「夫がいなくなって妻がイキイキする」という噂話の実証がデータからもうかがえる。

第三話　ある昭和妻の40年目の復讐——70歳・主婦

スタンダードな結婚

恨み骨髄に徹する熟女の気持ちは計り知れない。

「どうやって仕返ししたらいいものか」

神奈川県に住む野村豊子さん（仮名、70歳）は、悶々とした日々を送っている。

豊子さんはサラリーマンの夫とともに専業主婦として暮らしてきた。子ども2人は独立して夫婦だけの生活となり、これからの老後をどう過ごそうかという時、これまで隠されてきた夫の浮気に気づいた。

製造大手に勤務していた夫とはお見合い結婚だった。地元の中小企業で事務員をしていた豊子さんだったが、結婚が決まると当然のように勤め先を寿退社した。専業主婦になってから、夫が地方に転勤すれば一緒についていき、〝家を守る〟〝夫を支える〟という内助の功を果たした。この頃、女性が結婚すると仕事を辞めて専業主婦になるのが、いわばスタンダードだった。

結婚してほどなく、娘と息子に恵まれた。会社の福利厚生がしっかりしていた時代、若い頃は社宅に住んで、平日は近所で専業主婦陣と井戸端会議、土日は子ども会の行事に参加という、ごく平穏な家庭生活を送ってきた。

子どもが小学生の頃に戸建ての家も手に入り、〝マイホーム〟の夢も叶った。社宅の専業主婦陣は、皆、家の大きさや住む場所を競っていた。社交場の井戸端会議では、夫の出世やマイホーム、子どもの学力やスポーツ能力を自慢し合っていた。社宅では専業主婦が当たり前。パートに出ていると馬鹿にされる。学歴や役職でおおよその給与が分かるため、誰かの妻が働くと、借金でもあるのかと疑われてしまう。働くことに負い目を感じるような文化があったという。

夫は、いつも残業や休日出勤で忙しいが、それは仕方ないだろう。ただ、ひたすら家族のために働いてくれていた。そう、なんの疑いもなかった。それが夫の定年退職後、次々と裏切りが発覚したのだった。

毎日飲みに行く夫と節約する妻

20代の新婚当初から夫は「飲むのも仕事だ」と言っては連日連夜、帰宅するのは午前様。そのうち、いつ帰ってくるかも分からない生活に慣れてしまっていた。朝帰りをしても、「上司が麻雀に付き合えと言うから帰れなかった。いちいち口を出すな」と言われれば、それまでだった。

夫は朝7時半に家を出て出勤する。お弁当を作って送り出し、小さな子どもを見ながら、洗濯や掃除、買い物を済ませた。会社の上下関係がプライベートにも影響するため、近所付き合いにも気を遣った。

夫からは決まった生活費を渡され、やりくりした。十分な金額をもらっていたが、毎日、1円でも安いスーパーに走って節約に励んでコツコツと貯金した。自分の服は買わずに10

年も同じ服を着て、穴が開けば直して着続け、その代わり子どもたちには不自由はさせまいと思ってきた。

豊子さんは父親が事業に失敗したことで貧しい生活を送り、奨学金でかろうじて高校は出たが、それ以上の進学を諦めざるを得なかった。ずっと学内上位の成績を取っていた豊子さんにとって、子どもを良い大学に行かせることはある種の夢だった。

だから、「今は夫の収入は安定しているけれど、いつ何が起こるか分からない」と、学費をきちんと貯蓄していた。

しかし、そんな豊子さんの想いとは裏腹に、夫は自分の小遣いは遣いたい放題で、すべて飲み代に消えていった。さらには隠し口座も持っていて、いったいいくら夫がへそくりしていたかは分からない。とにかく、夫は毎晩酔っぱらって帰ってきた。

子どもが小さく可愛い盛りの頃も、夫は週末も「仕事だ」「ゴルフの付き合いだ」と言っては出かけていった。業を煮やした豊子さんが「ちょっとは子どもと遊んであげて」と口にすると、普段は優しい夫が「誰の稼ぎで食わせてやっていると思っているんだ。子守くらい1人でやってくれ」と冷たい。まるで母子家庭のような日々だった。

「仕事」に出かけない日は子煩悩で、子どもたちを可愛がるため、ついつい油断したのが失敗だった。今では尾行でもしておけば良かったと後悔している。若いうちなら、浮気の証拠をつかんで離婚したって、やっていけたかもしれないと思う。

浮気の気配

娘が小学生の頃、夫の浮気を確信した。まだ携帯電話だってパソコンだって影も形もない70年代、連絡方法は手紙か公衆電話か自宅の固定電話だ。休みの日、夫が「ちょっと散歩に行ってくる」「ちょっとタバコを買ってくる」と言って、ズボンのポケットを硬貨でジャラジャラさせながら出かけることが増えた。買い物に出た途中、偶然豊子さんは、夫が公衆電話で何やら深刻そうな表情をして話し込んでいるのを見かけた。ポケットから次々に10円玉をとっては硬貨投入口に入れて、相手に何かを謝っているかのようだった。

豊子さんが「どうしたの?」と近づくと、慌てたように「まずい!」と小声で言って受話器をガシャンと置いた。

腑に落ちないが、問い詰めても「取引先に電話していた」とごまかされた。ある日、夫が帰宅すると自宅の電話が鳴った。いつものように豊子さんが出ると、「ご主人、今、お帰りですよね」と若い女性の声がした。この時ばかりは浮気相手に間違いないと確信したが、夫は「スナックに忘れ物があったと連絡してくれただけだ」としらを切った。

こうしたことが何度かあった。午前様と朝帰りを繰り返した時は、さすがの豊子さんも「浮気しているんじゃないの」と問い詰めた。「あの時はどうだったの！　本当に仕事だったわけ？」と細かく詰め寄ると、「しつこい」と怒鳴った夫は手を振り上げ、こぶしが豊子さんの顔面に直撃した。夫は豊子さんを殴ろうとしたのではなかったが、威嚇しようと振り上げた拳が勢い余って豊子さんの顔に当たってしまったのだった。目の周りに青あざが残った。

それから、豊子さんは1か月ほど夫と一言も話さず過ごした。その間離婚も頭をよぎったが、「専業主婦になってしまった今、子どもを2人も抱えて離婚しては、この子たちに満足に教育も受けさせてあげられなくなる。経済的に不利すぎる。我慢するしかない」。そう考えて踏みとどまった。

定年退職で開いたパンドラの箱

子どもたちが中学、高校、大学と進学していっても、夫の飲み癖は直らなかった。飲まずに帰宅することは月に1回あるかないか。浮気疑惑をのみ込んで、考えないようにしてきた豊子さんだったが、夫の定年退職がパンドラの箱を開けた。

定年退職で会社から持ち帰った私物の入ったその段ボール箱は、ガムテープが貼られたまま10年近く放置されていた。子どもたちも結婚して独立した今、豊子さんが趣味の自分の部屋を作ろうと、家の中を整理し始めると、ポツンと置かれたままの夫の段ボールが急に気になった。

どうせ今まで開かずのまま。もう処分しちゃえと開けてみると、中から女性とデートしている写真や女性からもらったラブレターなどが次々と出てきたのだ。後生大事に、映画や遊園地のチケットまで記念にとってあった。わなわな震える手で封筒を開けると、便せんに、「私のこと愛してる？　早く結婚したい。ずっと一緒にいたい。いつ奥さんと別れられるの？」とまで書いてある。

夫は毎日のように行きつけのスナックに行っては、20歳くらいの女の子に入れ込んでいたことが白日の下に晒された。娘と差のない年齢のホステスと浮気していたこともあったようだ。手にとった写真から目がそらせず、穴が開くかと思うほど見入りながら、愕然としてしまった。写真の日付を見ながら、子どもが何歳の時かを考えていた。

思えば息子は小さい頃、すぐに風邪をひくタイプだった。熱が40度を超えて、うーん、うーんとうなっている時も、夫は「お父さんが代わってあげられたらいいのに」と口では言うが、「今日も遅くなる」と言って、さっさと出社。仕事が終わると、いつも通りに飲みに出かけてしまっていた。

数日して息子が治ってくると、次は娘の番だ。そして、看病している豊子さんも感染してダウンする。子どもたちが元気いっぱいの時に親の自分に熱があると、意識が朦朧とするなかで子どもたちを遊ばせなければならない。お風呂に入れるのも寒気との闘いだった。「そんな思いをしている時に、あの人が浮気をしていたのかと思うと、悔しくて、悔しくて、馬鹿らしくなって、本当に自分が夫を殺しそうな気がしてきた」と、マイナスのループにはまる自分を感じた。

最近、テレビや新聞で妻が夫を殺すニュースが目につく。「きっと、浮気が原因に違いない」と思う。

年金分割では生活費にも足りない

決定的な証拠を見つけた豊子さんは、夫に「これは何なの！」と写真を突きつけたが、「え？　知らない。覚えてない」の一点張りで、決して浮気を認めない。手紙を出しても

「なんだ、それ？　ああ、向こうが勝手に俺に言い寄ってきただけだ」と否定する。

それから、テレビや雑誌で見かける夫の浮気話によけいに敏感になった。浮気されて我慢してきた妻はどんな仕返しをするのだろうか――。そんなことばかり考えるようになった。

70歳とはいっても、まだまだ元気だ。第二の人生だって夢じゃないかもしれない。孫の近くで暮らすのもいいかもしれない。宝くじでも当たれば、とっとと離婚してやる。けれど、現実は、そう甘くはない。年金暮らしでは2人で1世帯でないとやってはいけない。

仮に離婚したとして、いったいいくら慰謝料や生活費を請求できるか。懐事情はよく分かるため、1人暮らしするには不十分だと容易に想像ができる。年金も、半分もらったところで、たいした額ではない……。

かつてはサラリーマンを夫にもつ専業主婦（第3号被保険者）は、夫が支給された厚生年金を受け取る権利がなかったが、２００８年4月から「離婚時の年金分割」制度が始まった。その結果、婚姻期間中の分の夫の厚生年金の2分の1を妻に分割できることとなったが、離婚して生活するには不十分な金額だ。内閣府「高齢社会白書」（２０１３年版）の「団塊の世代の経済状況」を見ると、昭和22～24年に生まれた男女の主な収入源のうち、

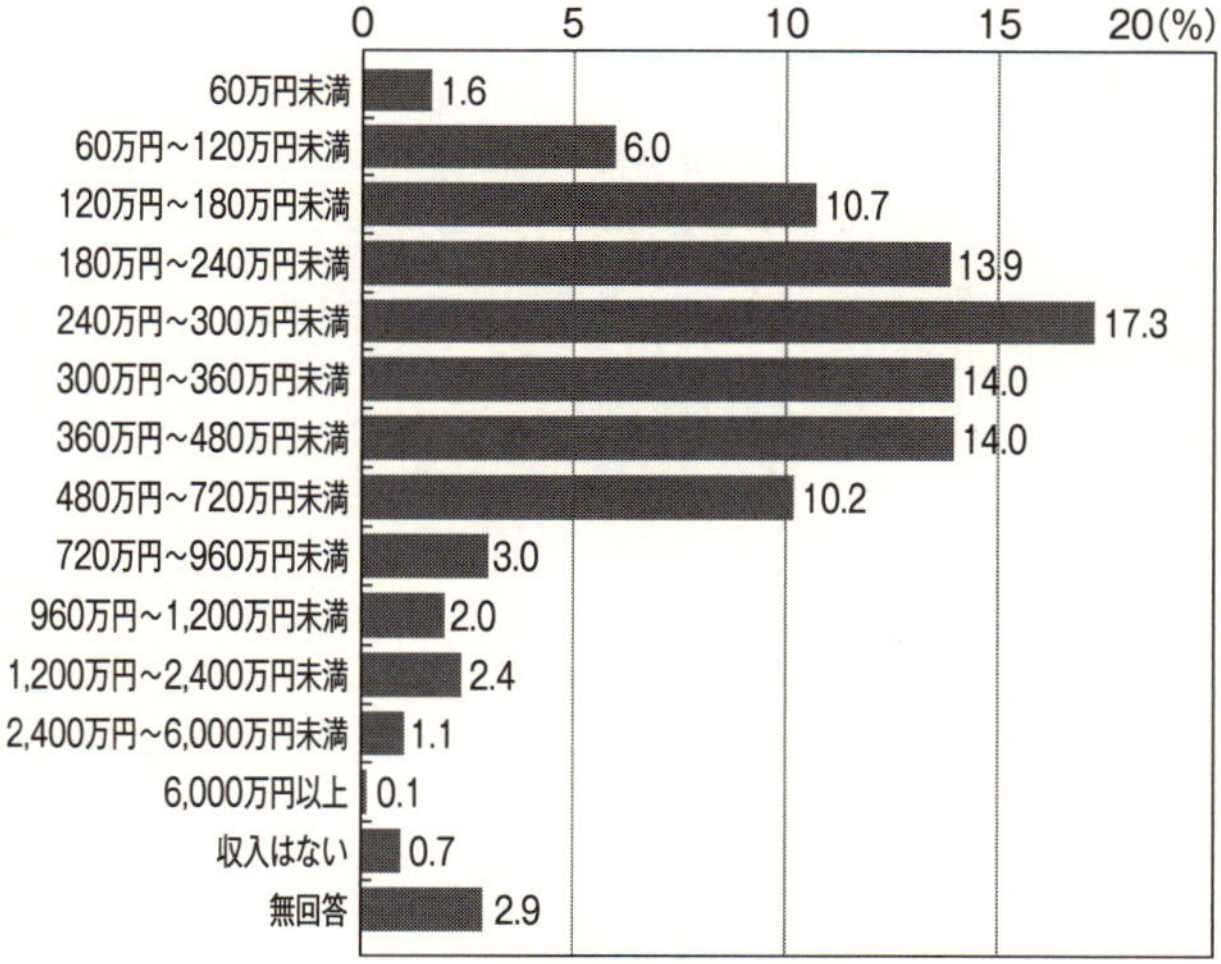

［図3-2］ **団塊世代の世帯収入**

出所：内閣府「平成25年版 高齢社会白書」

半数が年金となっている。世帯収入で一番多いのが、年収２４０万〜３００万円未満。次いで、３００万〜３６０万円未満、３６０万〜４８０万円未満、１８０万〜２４０万円未満となっている（図３−２）。貯蓄額の山も１０００万〜２０００万円未満だ。これを半分もらったとしても、ひとり暮らしの生活費を賄うには足りない。

仕返しするまで先には死ねない

離婚しても暮らせない以上の問題もある。もし離婚すれば、夫はほいほいと新しい女性を見つけて再婚するだろう。それでは損だ。絶対に、そうはさせない。何か生殺しにする方法はないだろうか。

友人は、ひどい亭主関白だった夫が寝たきりになって老人ホームに入ってから、それ見たことかと、面会にも行かず、行った時には、夫の手が届くか届かないかのところに水を置いて苦しむ姿を見て笑っていたという。そうか、その手があるのか！　ちょっとひらめいた気になって、気分が明るくなった。

私だったら……。

寝たきりになるまで、とても待てない。

夫が介護状態になってから仕返ししても、遅いのではないかと思うようになった。もしも先に自分が死んだらどうするのか。かなり損だ。早く仕返ししなくては。自分は健康に気遣う生活を送る一方で、塩辛いものが大好きな夫に注意はしなくなった。高血圧で脳梗塞でも起こしてぽっくり死んでほしい。70代では、保険金もあまり出ないと思うと、現役の時に死んでくれればよかったとさえ思ってしまう。

——ああ、お金があれば、ほとんどすべての問題は解決するのに。

本当に宝くじが当たらないかと、一筋の望みをかけてしまう。当面は、夫に家政夫になってもらうしかない。せめて3食昼寝つきの生活を送ろう。それを夫が嫌がったら、家を出ていってもらおう。慰謝料とって離婚だ。

「家も貯蓄も私がもらうから、あなたは浮気したんだから出てってってよ」

夫がもし浮気を認めたら、そう言おうと豊子さんは決めている。まるで持久走のような闘い。とにかく、仕返しするまで先には死ねない。夫が介護を必要としても、絶対に面倒なんて見るものか。即座に老人ホーム行きだ。見舞いには1回も行くことはないだろう。行ったとしても、動けない夫の頼み事なんてすべて無視だ。家を守って子どものことだけに費やした約40年以上という期間に、夫が浮気をしていたのであれば、自分の人生を否定されたようなもの。どうやって恨みを晴らせばいいか。それしか考えられない——。

*

これが、夫の不貞に気づいた高度成長期を支えた妻の心境だ。夫には過去のこと、終わったことでも、妻にとっては、その恨みは、知った時から始まる、現在進行形なのだ。

「あの時、こうだった」という怒りは、何十年経っても忘れない。思い出すたびに胸が焼けるような狂気と化すのだ。

第四話　団塊妻の憂鬱——68歳・主婦

夫はいかにも〝長男〟

北陸地方出身の大平信子さん（仮名、68歳）は、「早く夫が亡くなってほしい」と毎日のように願っている。

夫とは恋愛結婚だったはずだ。夫は最終的には上場企業子会社の社長になった。信子さんも人が羨やむ社長夫人のはずだが、愛なんてとっくの昔にどこかに消え去った。

信子さんは農家の出身で、当時、近隣では珍しく東京の短大を卒業して栄養士の資格も取っていた。

「25歳の時、里でクラス会に行こうとすると、母から〝結婚していないのはお前くらいだから行くのをやめておけ〟と言われてしまった」

女は大学なんて行かなくていい、すぐ嫁に行けという時代だ。就職しても寿退社が当たり前。20代後半で独身でいると「お局様」「ハイミス」「オールドミス」などと呼ばれることになった。そのクラス会で、中学で同級生だった夫と再会。夫は大学を出て一流どころの企業に就職していた。ほどなく恋愛結婚した。

夫はいかにも〝長男〟として育っていた。長男を立てる風習が残る土地柄、実家に帰れば毎日かつ丼を食べるような苦労知らず。

社会人としても出世コースを歩み、社長になれば部下がすべて雑用を済ませてくれる。夫は家でも亭主関白そのもので、妻の信子さんのことは、まるで従業員扱いだった。信子さんは、結婚してからも何かと職を見つけては働いた。病院で栄養士をしたり、30代の頃は当時としては破格の時給1000円で歯科助手をしたこともあるが、夫には「共働き」という意識は全くなかった。

通勤するのに、自宅から十分歩ける距離の最寄り駅までも、信子さんが車で毎日欠かさず送り迎え。迎えが5分でも遅れると、機嫌を損ねてしまう。遅れてくる奴の車になんか乗るもんかと言わんばかりに意地でも歩き通す。途中で会っても絶対に車に乗ろうとしない。家の中でも同じ態度をとる。夕食時、夫の箸を置き忘れると、手掴みでご飯を食べ始め、自分の存在をアピールしていた。もちろん、自分でお茶も入れない。すべて自分が欲しい時に自動的に出てくると思っている。信子さんはそんな生活に嫌気がさしていた。

俺と同じ給料をもらってきたらやってやる

夫の月収は、当時でも100万円くらいはあったはずだが、信子さんに渡されるのは毎月の食費6万円だけ。その他のお金は夫が自分の手元に置いていた。夫は「老後の資金を貯める」といって、月25万円は貯蓄に回していたようだが、預金残高は一切教えてくれない。結婚後も働き続けていた信子さんは、自分で稼いだお金だけ自分で管理していた。公共料金や保険の掛け金など基本的な生活費は夫の収入で賄い、外食した時の支払いなどは信子さんの財布から出していた。

娘が小さい頃、サファリパークに遊びに行くと、急に怒り出して自分だけ車に乗って帰ってしまい、信子さんと娘はやむなく電車で帰った。そんな身勝手な行動は日常茶飯事。信子さんの堪忍袋の緒が切れたのは、夫の何気ない一言だった。

ある時、「ちょっと家のことをしてよ」と、軽く言ったつもりだった。

夫は「俺と同じ給料もらってきたらやってやる」と信子さんに言い返した。

それは、言ってはならない一言だった。夫は「男と女の仕事は違う」と妻を見下した。夫に人格を否定されたと感じた信子さんは、それ以降家事を手伝ってほしいとは二度と言わなくなった。

信子さんは、栄養士として病院に勤務していた頃、何かトラブルがあれば夜中だって駆けつけるなど、仕事に責任を持ってやっていた。仕事に男も女もなく、まして夫に稼ぎを否定される筋合いはないと、心中穏やかではいられない。

同じ年齢で同じ中学校を卒業している信子さん夫婦。当時の成績は信子さんのほうが良かった。「何よ！　私より馬鹿なくせに。男だから子育てしないで仕事に打ち込めただけじゃない」と、ふつふつと怒りが沸いてくる。信子さんも、20代の頃に勤めていた病院で勤務し続けられれば、キャリアは積み上げられたはず。

——女は、結婚や子育てで同じ職場で働き続けられなくなる。まして、団塊世代は専業主婦が当たり前で、働くことが悪いような風潮があった。それなのに、「俺と同じ給料を稼いでから物を言え」だなんて。

夫に対する気持ちが一瞬で冷めた。

団塊世代の男はダメ

いつでも離婚したい思いはあったが、信子さんは母親が再婚していたため、自分は離婚しないと踏みとどまってきた。夫と仲良しこよしなんて結婚後10年もあればいいほうだ。あとは、自分と子どもの生活のために続けているだけで、決して楽しい生活なんか送っていない。お金は必要。女は男と違って、子どものために我慢しなくてはならないものだ。

夫が60歳で定年退職し、「何かしてみれば」と軽く話しかけると、夫は「俺に右に行け、左に行けと命令するのか」と怒り出した。話しかければ喧嘩になるため、信子さんも気分が悪い。だったら話さないほうが利口だ、と思うようになっていった。

もう夫の存在が苦痛で仕方ない。いびきがうるさく、加齢臭がきつい。一緒の空間にいたくない。「私は下で寝る」と宣言して、夫とは寝室を別にした。

夫は普段、2階にいる。ダイニングが1階にあるので、夫がご飯を食べている時が2階で洗濯物を干すチャンスだ。洗濯ものをたたむのも夫がいない時を見はからう。夫がいたら、息が詰まって仕方ない。2階で用事がある時は、「早くどっかに行ってよ」と、心の中で叫んでいる。

たまに「ご飯一緒に食べに行こうか」と誘ってあげると、「急に言うな！　行かない。家にいる！」と怒り出す。夫は社長様だから、何日か前にアポイントを取らなければいけないようだ。そのくせ、1日中何もしないで家にいる。いったい何なのよ。まだあなたは私を部下扱いしているのかしら。

夫に「孫を見ていて」と頼むと、本当にただ、目で見ているだけ。孫に声掛けするでもなく、名前を呼ぶわけでもない。もちろん、オムツ交換など決してしない。

娘2人と孫を連れて海水浴場に行った時も夫は役立たずだ。孫が「抱っこして」と言うと、夫は「腰を痛める」と言って絶対に抱っこしない。珍しく孫を抱っこしたかと思うと、5分もしないうちに「ばーばに抱っこしてもらって」とバトンタッチする。皆がたくさん荷物を持って上り坂を歩いているのに、荷物すら持たない。

海辺でテントを張る時、娘たちが四苦八苦しているのを見ても突っ立っているだけ。テントの組み立て方を聞くわけでもない。

「団塊世代の男はダメ。自分の子育てだってしてないんだから、孫の世話なんてムリ。人員としてカウントできない。何も期待しないのが正解だ」と信子さんは諦めている。

落花枝に返らず

近所では、同世代の女性たちが集まれば夫の不満に花が咲く。しかし、笑えない話も多い。ある友人は、退職金も夫に握られ、1000円、2000円の手土産1つ孫に買ってあげられないでいる。夫が不機嫌になると生活に必要なお金ももらえなくなるため、ご機嫌取りに行きたくもない外出に付き合っているという。そんな話はそこらじゅうにある。

虫も殺さないような大人しそうな女性が、夫が定年退職すると退職金を持って行方をくらましてしまった。へそくりが大事だと考えた信子さんは、「お金がない、お金がない」と言っては小遣いをため込んでいた。ずっと働き続けているのも、そのせいだ。お金のために嫌な夫に媚びを売らなければならないのでは、女性が可哀そうすぎる。

現在保育園でパートの栄養士として働くのは、お金の他に、なるべく同じ家に一緒にいたくないという理由もある。

いまさら離婚はできない。家は戸建てで、どちらかが家を出れば二重生活になって無駄なコストばかりかかる。年金生活となった今、嫌でも同じ家に住んでお金が消えていかないようにしなくては。だったら1階と2階で別居生活もやむなしだ。今や「同じ家の中にいるのに、もしも夫が亡くなっていても分からないくらい」という状況だ。信子さんは心の底から「夫が早く亡くなればいいのに」と願っている。「それも、仕方ないこと」だと。

「団塊世代の女性は皆、同じ思いを抱えている」と信子さんは感じている。皆、夫に不満をもっている、と。

信子さんの友人は、夫を亡くして解放感でいっぱいだ。今やイキイキとして、年に4回は旅行に出ている。友人は「家の中でいちいちペコペコしなくてよくなった。いない間の食事を考えて用意してなんて煩わしいこともなくなって、気楽でいいわぁ」とはしゃいでいる。

「ワンマンな男と付き合うと諦めが強くなる」という信子さん。何かを口にすれば文句を言われる。夫に何か頼んでも、実際にしてくれるまでに1週間もかかる。その毎日毎日の積み重ねが「夫に死んでほしい」という今の結果となっていると実感している。

夫がいなくなれば、寂しいか？

筆者が問うと、「寂しいなんて微塵のかけらも感じるわけがない。早く亡くなってほしい。そうすれば、気楽な毎日を過ごすことができる」とスパッと言ってのけた。

「私と夫の2本の線は今後、一生、交わることはない。1つ嫌なことを言われたら、頭に残って、この人と一生寄り添おうなんて思えなくなる。その一言で、ああ、こういう人なんだ、と冷めた気持ちは戻らない。皆、そうなんじゃないかな。私が特別だとは全く思えない」

もし夫が要介護状態になったら？

「倒れても面倒は一切みない。あの時こうだったと、今までの仕打ちを全部返してやる!」と、信子さんは意気込んでいる。

落花枝に返らず、破鏡再び照らさず。

一度損なわれたものは元に戻らないという意味の諺だ。あの時こう言った。あの時こうだった、と妻が思う以上、妻が許すことはないのだろう。

第五話 「髪結いの亭主」の末路――65歳・美容師

頼もしく見えた年上夫の正体

まさに「髪結いの亭主」と連れ添っている花村葉子さん(仮名、65歳)の積年の恨みは、前話の信子さんに引けをとらない。

「あいつの骨がお墓に入るか、山手線に置いていかれるかは私の気持ち次第よ」

そんな大胆なことをケラケラと笑いながら話す葉子さん。50歳まではしおらしく、耐えに耐え忍びに忍ぶ生活を送り、まるで「おしん」みたいだったというが、今や「うぜーんだよ、あっち行け！」と夫に強く出る。

最近、しょんぼり年老いてきた73歳の夫に「遺言状を書け」と命令した。

――さんざん遊んで、家が1軒建つくらいのお金を遣われたのに、今ある家は夫の名義だ。納得いかない。誰が今まで稼いできたと思っているんだ！　この家は私のものよ！

いったい、葉子さんに何があったのか？

まだ世間知らずだった20歳の時に、8歳年上の夫と結婚した。年上の男性が頼もしく見えてしまったのが、そもそもの失敗だった。美容師同士の2人は、一緒に働いて、いつか店を持とうと夢を描いていた。

新婚当時は風呂なしの家に住んでいた。極貧で銭湯にも行けないような生活だった。夫から月2万円だけ生活費をもらい、食費や雑費などをすべて賄った。当初から夫の横暴さが露呈してはいたが、後戻りできないと思い込み、我慢の日々の幕開けとなった。

あくせく働いたあとで帰宅して、せっかく節約して作ったご飯なのに「こんなまずいもの食えるか」と怒鳴られた。忙しい合間に野菜炒めを4人分くらい作って大皿に盛りつけて食卓に置いておき、葉子さんが台所でお皿を洗っていると、夫は全部食べてしまう。「私の分がないけど」とつぶやくと、「お前も食うのか？」と、まるで家政婦扱い。亭主関白の度を超えていた。

そうした生活を6年続けてやっと貯めたお金で、住居も兼ねた美容室を開業した。子育てもローンを抱えながら。それなのに、夫といえば一緒に店を始めてからろくに仕事もしない。お客さんが来ても「お前がやれ」と言って、自分はテレビばかり眺めている。

結婚してすぐ離婚を考えたが、実家の母に相談すると「帰ってこないでね」と理解してくれなかった。まだまだ女性が耐えていた時代。「私って女中？」と思わずにはいられなくても「女が我慢するものだ」と自分を納得させ、離婚を考えることをやめた。

子どもを授かったのは25歳の時だったが、妊娠後、夫は家に帰ってこなくなった。キャバレーに行っては朝帰りで1回行くと5万円は使ってくる。週に2回で月40万円ものお金を10年間、キャバレーにつぎ込んでいた。夫に「お金、どこに行っちゃったの？」と聞けば、「俺の金だ、文句あるか」とすごんだ。

地方育ちで昭和16年生まれの夫は、何かあるたびに「女のくせに」「女はこれだから」と口にした。葉子さんの父親も同じような価値観だったため、それがトラウマとなって、言い返せなくなっていた。20代の頃、プチ家出をして2時間ほど近所をぐるぐる歩き回ってみたが、結局は家に帰るしかない。

夫は葉子さんが元気に働いていると機嫌が良かった。それが風邪でもひこうものなら途端に冷たくなった。店が軌道に乗ってきて、お金も少しは溜まったが、貯金が200万円溜まると夫はふいに海外旅行に出かけてしまって、貯金がすっからかんに戻る。そんなことが10年も続いた。

一生忘れない一言

働き詰めの葉子さんが病気になった時も冷たかった。葉子さんが38歳で子宮頸がんが分かり、子宮を摘出しなければならないかもしれないと言われていた。そんな時、夫は葉子さんに言い放った。

「子宮をとったら、女じゃねーな」

この時の言葉は、一生忘れない。その日を境に、夫には自分に指一本触れさせなくなった。

耐える生活がずっと続いたが、50歳の時に転機が来た。葉子さんを心配したお客さんからの「あんたね、自分を変えないと、人生損するよ」という言葉が胸に刺さった。

葉子さんは、53歳の時には大腸がんが見つかり、手術で入院した。夫は病院に見舞いには来てくれるが、そのたびに「お前のほうが元気だよな。俺のほうが忙しくて死にそうだよ」と愚痴や嫌味を言う。まだ検査の途中で、がんが転移しているかもしれないという不安のなかだった。「お願いだから、もう見舞いに来ないで」と心底思った。

その2か月間、病室の天井の一点を眺めながら、ずっとあのお客さんの言ったことについて考えた。

「もう、あいつの言うことなんて聞かない」

葉子さんは精神的に夫と決別しようと心に誓った。

この頃、夫は60歳を過ぎて「濡れ落ち葉」になってきている気がした。だんだんと葉子さんと立場が逆転していく予感が生まれた。

葉子さんは60歳を過ぎたら、夫を完全無視する生活を送り始めた。娘も父親を嫌って徹底無視だ。2年前、夫が前立腺がんの手術をした時、娘は母親の恨みを晴らすべく「もう男じゃないねー」と言ってくれた。わが娘あっぱれ、と、スカッとした。

65歳になった今、一家の大黒柱は完全に葉子さんがとってかわった。自分が経営者になって夫を扶養家族にして、立場も大逆転だ。

「自分のほうが強くなって今はサイコーに楽しい」

思わずルンルンしてしまう。葉子さんは、「相手がぼけてしまってからいじめても意味がない」と考えている。

いじめの方法は、まず、無視だ。夫が何か言っていても「聞こえなーい！」としか返事をしない。同じ家の中にいても顔を合わせないようにしている。「あいつがトイレに行ったら私は別のところに移動する」。本当は料理もしたくないが、お金がもったいないからついでに作るだけ。

きっちりお返ししてやる

最大の仕返しは、夫が永眠した時にとっておいてある。

「お骨を可愛い袋に入れて、山手線の車内の棚に置いてきちゃう！」というものだ。

葉子さんがお骨を棚に置いて電車を降りれば、そのお骨は忘れ物としてＪＲが回収することになる。他の路線だと自分がやったとバレそうだが、山手線ならぐるぐる回り続けているので、身元が分かりづらいだろう。ＪＲの保管期間内に持ち主が現れなければ警察に届けられ、納骨されるという段取りだ。

お骨を電車に置いてきてしまうケースがあるという話をお客さんから聞いて、「これだ！」とガッツポーズをしたい気持ちになり、笑いが止まらなくなってしまった。

実際、遺骨が遺失物としてどのくらい存在するのだろうか。ＪＲ東日本の広報は、「プライバシーに関することなので公表していない」と言い、警視庁の広報も「詳細については公表していない」というため確認できないが、知らないほうが良いかもしれない……。

葉子さんは、思った。

「単にお金がないからお骨を捨てるのではないはず。だったら家に置いておけばいい。骨を捨てるというのは、そうとう恨んでいたに違いない」

夫もこの話に聞き耳を立てていたため、しょぼんとしている。どうやら自分の骨も捨てられると察したようだ。

——私をいじめた分、きっちりお返ししてやる。悪いことをすると、最後は自分に回ってくるんだから！　はーい、それ、全部受け止めてね〜♪

と、鼻歌交じり。

もし夫が要介護状態になったらどうするか。近隣の老人ホームに入れた場合、月28万円かかるという。

「あいつのために28万円も、毎月毎月払いたくない。家に置いておいて、転がしておけ。

週に1回は風呂に入れてあげてもいいかな。私はピンピンコロリで死ぬから」と決めている。そう心の中で思っているだけで気分爽快だ。

だから、骨壺は安い3000円くらいのものを買って、棺も一番安いもので火葬をする。そして、はい、山手線！　そこまでやりたい。

「死ね、この野郎」と何百回思ったことか

結婚して46年。「そのうち40年もやられっぱなしだった」。子どもも結婚して独立し、孫も生まれた。60歳になってからは本当の自分の人生を生きたいと葉子さんは自分を強く持った。

今まで40年の間、「死ね、この野郎」と何百回思ったことか。夜中に五寸釘を打ってやると何度思ったことか。でも、殺人者になってはいけないと心にブレーキをかけてきた。

夫は葉子さんが稼いだお金を湯水のように使い込んできた。その分、死ぬまで働け。それなら、家にも店にも置いてあげる。離婚してもきっと、同じようなダメな男にひっかかるかもしれないと思うと、「だったら、こいつでいいや」と妥協してきた。

葉子さんの両親は離婚している。だからこそ、「世間から『やっぱりね』と言われたく

なかった。子どものためにも、その一心で離婚を踏みとどまった」。

その代わり、いじめ抜いて、稼げるだけ稼がせてやる。

ここまで思うのは、やはりまだ女の盛りでいられる38歳の時に、「子宮をとったら、女じゃねーな」と言われたことが、今も心の傷として残っているからだ。病気の妻に対して、その言葉はひどすぎる。その時から、夫には指一本触れさせず、寝室を出て子どもと一緒に寝た。

そのうち子どもが大きくなって部屋が足りなくなると、夫に体よく「通勤するの大変でしょう」とでも言ってアパートを借りて追い出そうとしたが、月10万円も夫のために出すのはアホらしいと考え直した。資金繰りをつけて家を建て増しすると、夫は新しくできた納戸のような部分を見て「俺、この部屋がいい」と言い出した。「なんてラッキー！」と作戦成功をお祝いしたい気分になった。まさに、リフォームで夫はあちらに、いや、夫をポイ捨てだ。それからずっと家の中で別居状態になっている。

夫は小遣い制にして、最初は月5万円あげていたが、月3万円に減らし、今は月2万円にしたが、素直に応じている。

「あんた、さんざん遊んで金ないのわかってるよね」

「あんた、いつも仕事さぼって寝てるでしょ」

夫が風邪をひいた時は「自分の病気は自分で治しましょう」と言ってやった。夫は黙って何も言えない。何かいいことをしてくれたって、あの時の言葉は帳消しにはならない。女はしつこいんだ。

捨てられたらおしまいと怯える夫

それでも、子どもが20歳になるまでは絶対に離婚してはいけないと思ってきた。母子家庭と悪く言われ、経済的にも時間の面でもやっていけなくなるかもしれない。子どもの将来が狭まってしまう。

どうやら捨てられたらおしまいと思っているのか、夫は素直に言うことを聞いている。65歳を過ぎて70歳を迎える頃から急におとなしくなった。先が見えてきて、老後も1人では心配だと思っているのだろう。まだぼける前の70歳前後くらいが、抵抗できなくていじめ時だと葉子さんは感じている。妊娠中にキャバレー通いをされた恨みも相当に深い。

とにかく、夫を飼いならそう。そして、死ぬまで働いてもらおう。夫は「死ぬまで働くよ」と言っている。「あら、ちょっとは可愛いとこがあるのね。最後に骨が山手線に乗ってぐるぐる回るのか、お墓で眠るのかは、その時の私次第だから！」と思うと、ちょっと楽しくなってくる。

働く女は強くならざるを得ない。いや、夫がダメだから強くさせられるんだ。男を産んだのは女だぞ。それを忘れるな！　おっぱいあげて、オムツを替えて、何年もかけて言葉を話せるようになって——。それを、すっかり忘れて男尊女卑って何様だろうか。女を馬鹿にするなよ！　日本も早く首相が女性にならないかと、ニュースを見るたびに思ってしまう。

男はつまらないプライドでしか生きていない。姓の問題もそう。自分が世帯主であるか、家や自動車の名義は自分になっているか。そうしたことになぜかこだわって、妻がメインになると気に入らなくて怒り出す。

つい5、6年前まで、形式的だったけれど、バレンタインデーに安いチョコをあげていた。夫も葉子さんの誕生日や結婚記念日にプレゼントをくれていた。ある年、「いい年して、もういいか」と、バレンタインにチョコをあげなかったら「なんでくれないんだ」と猛烈に怒り出し、その後ぴたっとプレゼントがなくなった。「50円のチョコでも欲しかったの？」。そう思うと逆に「男って単純で馬鹿だ。操りやすいじゃん」と感じた。

そこで冒頭のように、税理士と相談して、夫に遺言状を書かせて公証役場に行った。「子どもが2人いると相続でもめてしまうから、遺産はすべて私に入るようにしておきましょう。きっと老後の介護なんてしてくれないから、家を売って老人ホームに入りましょう」と口実を作った。夫は、急に優しい表情になって「俺もそれが心配だったんだよ」と快諾した。

長年連れ添った情

専業主婦の友人は、コツコツお金を貯めてへそくりを作っていた。夫が定年退職すると、「子どもも独立して家が広いから、マンションを買いましょう」と言い、実は賃貸マンションに夫を住まわせ、自分は家を売ったお金を持って逃げた。「死ねと言っているほうがまだ可愛いかもしれない」。葉子さんは身の毛のよだつ思いがした。「無一文にしてあげるわ」と言って、生命保険を解約して資産をあるだけ持って逃げた知人もいる。60歳を過ぎると、女も怖いものがなくなるのかもしれない。

また、ある知人は夫が高収入だった。80歳になっても体を求めてきて、70代半ばのその女性が拒否すると夫は外に愛人を作り、「お前も（愛人に）会うか」と堂々と言う始末。

その夫は暴君で、気に入らないことがあると階段の上から水の入ったバケツを蹴り飛ばすという。そんな話を聞きながら、葉子さんが「私だったら、ダンナの味噌汁に雑巾の絞り汁を入れてやるのに」と励ますと、その女性はケラケラと笑って元気を取り戻してくれた。

実は葉子さんは、強烈に「死ね」と思った時には、夫の歯ブラシでトイレ掃除をして、そのまま歯ブラシ置き場に戻していたのだ。それを知らずに歯を磨いている夫を見ると、葉子さんは胸がスーッとした。ことあるごとに、このささやかな復讐を友達にも勧めている。

夫を殺したいと思うことはあっても、それは倫理観が止めている。けれど、何か1つでも勘に障ることがあると、40年分の恨みが噴出してくる。

夫には「畳の上で死なないで。高級車に引かれて、生命保険で1000万円でも稼いでから死んでほしい」とまで言っている。夫は静まり返って聞いている。

でも不思議なことに、そこまで言っても、ふとした次の瞬間、普通の夫婦の会話になってしまう。

離婚しないのは、長年連れ添った情があるからかもしれない。夫も完全に悪い人でもない。「友人にムカつくことを言われた」と愚痴を言えば、「お前ね、価値観の同じ人と付き合ったほうがいいよ」とたしなめてくれることもある。

子どもが保育園に通っていた頃、父母会で派手に見られていわれのない陰口を言われたことを知った時、夫から「馬鹿だなぁ。自分の言いたいことをその場で言い通せばいいんだよ」とアドバイスされ、その通りにしたら悪口を言われなくなった。疲れて帰って寝てしまうと、翌朝、夫が早く起きて掃除をしてくれていることも、ごくごくたまにある。だから離婚しないのかもしれない。

ちょっとはいいところがあるのだ。そして、本当に1人きりだったら、店を続けてこられなかっただろう。だから〝死ぬまで働け〟と思うのは、意を返せば、死ぬまで一緒にいてほしいということかもしれない。

「それは掃除や洗濯を全部1人で負いたくないだけかもしれないけれどね。でも、夫の歯ブラシでトイレ掃除は、これからもするわ」

葉子さんは、ニヤリと付け加えた。

第四章

これが夫の生きる道？・〝イクメン〟たちの現実と理想

男性が子どもを保育園に送り迎えする姿も珍しくなくなった。抱っこ紐で赤ちゃんを連れて出かけるのも男性の役割となりつつある。平日に男性が子どもを連れて歩いていれば、ほんの十数年前は「失業したのか」と白い眼で見られていたのとは様変わりだ。

しかし男性側には、職場に理解がない限りは家事や育児をしたくても、それができない根深い問題が残っている。時代が変わり、子育て真っ最中の若い世代の意識が変わっても、上司の世代とのジェネレーションギャップが邪魔をする。そして、雇用情勢の厳しさが、「イクメン」どころではない大きなネックにもなっている。

本章では、そんな「男だって辛い」という境遇や心理面、それでも妻から見れば「甘い！」と思われるポイントを紹介しつつ、死んでほしいと思われないようにするにはどうすればいいのか、ヒントを探りたい。

「正直、つらい」非正社員男性の子育て

「イクメンなんて、子育てしながらブランド品を片手にできる恵まれた男性のものではないか」

女性の労働問題などの重鎮は語った。

そもそも雇用と収入が安定しない限り、結婚や子どもをもつこと自体に大きな影響があるなかで、家事や育児との両立はさらに至難の業となる。

非正社員からなかなか脱出できない林田広樹さん（仮名、38歳）は、いつクビになるか分からないプレッシャーに怯えている。

超就職氷河期で、いくら面接を重ねても内定にこぎつけなかった。派遣社員やアルバイトを転々とせざるを得なかった。2年前から働いている量販店では、アルバイトから入って、最近契約社員に「上がる」ことができた。月収は額面30万円だが、みなし残業が月70時間もあるのが前提だ。実際には100時間を超える残業を強いられるが、「うちは固定給だ」と言ってごまかされる。文句を言った社員は契約を打ち切られるため、誰も抵抗できない。店頭での接客はもちろん、商品の棚卸、発注、配送手続きなどめまぐるしい毎日。ミスをすれば店長から罵声を浴びせられる。

ただ、正社員登用のチャンスがある。それまで非正社員で手取り20万円ほどしか収入のなかった広樹さんにとって、「妻も子どももできて、これは最後のチャンスかもしれない」と、歯を食いしばっても耐えるしかない。

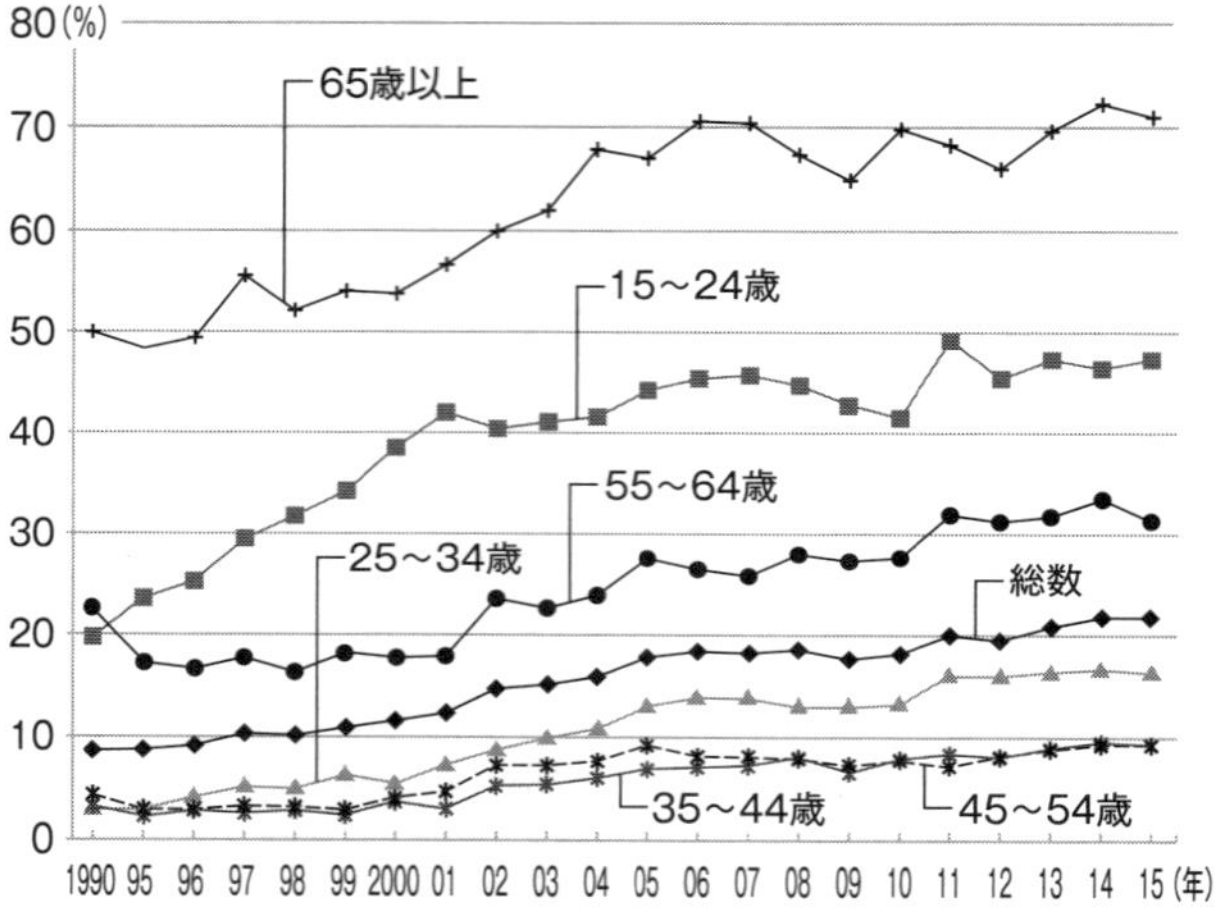

［図 4-1］**年齢別の男性非正社員比率の推移**

出所：総務省「労働力調査」より作成

かつては働き盛りの年齢層の男性に非正社員はあまりいなかったが、広樹さんのように、非正社員として働く男性の比率は上昇している（図4－1）。1990年と2015年を比べると、25～34歳では3・2％から16・5％へ、35～44歳では3・3％から9・5％に増加している（総務省「労働力調査」）。

本来は正社員として働きたくても機会がなく、非正社員として働く「不本意型非正規」の割合は、30歳前後で高い。総務省によると、2015年平均で25～34歳で26・5％（71万人）、35～44歳で17・9％（67

万人）を占める。賃金を見ても、例えば、広樹さんの年齢で見ると、35〜39歳の正社員では1時間当たり賃金が1888円だが、非正社員だと1068円と格差がつく（厚労省「賃金構造基本統計調査」2015年）。

広樹さんの子どもは3歳でまだ手がかかる時期だが、サービス残業を強いられる毎日で育児は妻に任せきりになっている。「悪いな」とは思っても、過労状態で体がついていかない。妻も派遣社員で3か月おきの契約更新だ。子どもが頻繁に熱を出して仕事を休むことが増えると、あっさり契約が打ち切られてしまうため、妻は妻で悩みとプレッシャーを抱えている。お互いに、分かってはいるが、子育てでノイローゼ気味になる妻から、「ちょっとは面倒みてよ」と離婚を引き合いに出されても「正直、辛い」。

非正社員同士の夫婦でも子育てできると思ってしまったが、とても無理がある。

「ああ、いったいいつまでこんな生活が続くのか。貯蓄はないし、生命保険に入る余裕もないから、自分が死んでも妻が楽にはならないと思うと、ひたすら働くしかない」

広樹さんも本心では「男だって大変なんだ」と言いたいが、「どちらかが確実に稼がないと共倒れになる。なんとか正社員になれるまで我慢して」と、必死に妻をなだめるしかない。

連合の第2回「非正規労働者の働き方・意識に関する実態調査」(2015年)によれば、男性の非正社員で主稼得者(自分の賃金が世帯の主な収入)になっている割合は、30代で約3割、40代で約5割となっている。そのうち4分の1は世帯貯蓄がない状態だ。男性の半数は正社員として働くことを希望している。現在の勤め先に正社員転換制度があるという答えは3割だったが、その制度に「実効性があるとは思わない」と約4割が回答している。

これ以上、家事も育児もできない

非正社員の雇用が不安定な一方で、正社員だから安定しているとは限らない。

都内のコンサルティング会社に勤める萩原雄一さん(仮名、45歳)は、「とにかく残業が多い。左遷されないためにも、やるしかない」と必死だ。

雄一さんは年俸制で働くが、残業が月100時間では少ないほうだ。睡眠時間3〜4時間ということもザラで、寝ている間以外は仕事をしている。割り振られる取引先が多く、常にキャパシティオーバー。同僚がすぐ辞めていくため、その担当企業も次々と任されてしまう。仕事ではいつも顧客の都合に振り回されている。「明日までに、これお願い」と言われればやるしかないし、顧客によっては朝8時からミーティングが入ることもある。

終電で帰宅できれば良いほうだ。深夜2時、3時までオフィスに残ることもある。顧客情報の管理のため、仕事を家には持ち帰れない。

総務省「労働力調査」によれば、週当たりの労働時間が60時間以上という割合は年々微減してはいるものの、2015年で8・3%と、約10人に1人が長時間労働をしているのが現実だ。

また、クロス・マーケティング社が首都圏の20~64歳の男女を対象に行った「長時間労働に関する調査」(有効回答数600)では、40代の男性の7・1%に1人が月100時間を超える残業をしていることが分かった。さらに、連合総合生活開発研究所「第30回勤労者短観」(2015年)でも、男性正社員の約1割が80時間以上の残業をしていることが明らかになっている。同調査では「1年前と比べて勤め先の経営状態は悪くなった」「失業不安を感じる」とする割合はともに3割近くになっていることから、企業の経営の厳しさから長時間労働も余儀なくされていることが読み取れる。

雄一さんも必死だ。妻(39歳)は5年前に第1子を出産。職場復帰してから周囲が冷たく、マタハラにあって退職に追い込まれた。

育児休業が終わって子どもが保育園に通い始めると、すぐに熱を出した。雄一さんは顧客とのアポイントをドタキャンすることなどできず、そのたびに妻が会社を休んだことが影響し、マタハラにあったのだった。

第1子の妊娠を機にマンションを購入しており、正社員同士の2人の収入をあてにしてローンを組んだため、痛手が大きかった。これも雄一さんが余計にがむしゃらに働くしかなくなる理由の1つだ。すぐに第2子にも恵まれ、いよいよ学費を考えると、もっと稼がなくてはならない。保育園の待機児童が多い中で、4歳と3歳の子どもを預ける先もなく、妻の再就職もまだ先になりそうだ。

それでも、土曜か日曜に半日でも仕事のない日があれば、寝込んでいたいくらい疲れ切った体でも子どもを公園に連れて行って、「1時間でも2時間でも妻を1人にして買い物などに出してあげている」という雄一さん。しかし、妻からすれば、「育児休業から復帰したあと、夫が少しでも仕事を調整してくれれば私はクビにならなかったのに」と思えてならず、夫婦関係はぎくしゃくしている。さらに、雄一さんが家で少しでもゆったり新聞を読んでいようものなら「ちょっと！　悠長に新聞なんて読んでないで、何か手伝ってよ。私はそんな暇もないのに」と叱られる。

雄一さんとしては「周りの男の同僚は、子どもを公園に連れていくこともしていないから、自分はまだマシではないか。過労死寸前で、手伝えるのはこれが限界だ。これ以上、家事も育児もできない」。疲れ果てて、「勘弁してください」と土下座でもしたい思いでいる。

明治安田生活福祉研究所の「20~40代の出産と子育て」(2014年8月)では、夫が育児に消極的な理由について「仕事が忙しく育児に関わる時間・心の余裕がない」が6割に達するとしている。一方、妻は夫が「自分の時間・自由を優先させたいから」と46・3%が感じており、夫側が思う24・3%より2倍の水準。ここでも、夫婦の温度差が生じている。

2週間くらいでいばらないで!

男性が「普段は忙しいため、せめて育児休業は取ろう」と試みても、実は長い子育てからすれば、男性の育休期間などほんの一時に過ぎない。夫の自己満足が妻からの反撃に遭うケースも少なくないだろう。

増田康幸さん(仮名、36歳)は、製造業の技術職だが、第1子の誕生後、2週間の育児休業を取った。妻は専業主婦だが、互いの実家が遠く、産後の体力のない期間も頼れない。普段は会社に寝泊まりということが多い生活のなかで、「妻が大変な時に休んであげよう」と決意した。会社では初めての例となったが、上司を説得してやっとの思いで休暇を取得した。康幸さん自身、新生児と触れ合えた2週間は幸福に満ちた満足いく生活を送ることができて、「きっと、妻も喜んでくれたに違いない」と感じていた。ところが、どうやらそうでもなかった。

夜泣きのひどい子どもは、四六時中抱っこしていないと泣き止まず、寝不足の妻から毎日「早く帰ってきて！　今日は何時に帰ってくるのか」と怒りのメールが送られてくる。帰宅するやいなや、赤ちゃんを手渡され、「抱っこしていてよ！」と怒鳴られる。子どもが眠った時に家事をしていた妻は、「家事なんかしていたら、朦朧として子どもを見ていられない」と、子どもと一緒に寝るようになったため、康幸さんが深夜に帰宅してから自分で洗濯し、夕食を作るようになった。康幸さんも疲労困憊状態だが、「あなたも育児ちゃんとして」と詰め寄られる。

たまに夜勤があるが、そんな時はホッとする。夜勤の間は夜泣きの相手もしないで済むし、夜勤明けは堂々と眠っていられる。それも妻はお怒りのご様子で、「夜勤とか迷惑なんだけど。さっさとゴミを出してきてよ！」。

「育児休暇を2週間も取ったんだから、それは認めてよ」と口にした途端、「そんなの当たり前でしょ！　私、産んだ時は歩けなくなるほど大変だったんだから。２週間くらいでいばらないでよ！　とにかく毎日、早く帰ってきて」とダメ出しされた。

——いやあ、早く帰ると上司も同僚も冷たい視線を送ってくるから……。毎日早く帰るようだと、会社にいづらくなるんだけど……。

そんな本心は、妻が怖くて決して言えない。

このように核家族化の影響は大きく、産後すぐのサポートに乗り出す行政も、少しずつ増え始めている。

イクメン社員は広告塔？

イクメンが増えたとはいっても、実際の職場はまだまだ変わらないままだ。

仕事と育児の両立支援で有名な地方の企業に勤務する男性社員（30代）は、イクメン社員として新卒採用の説明会でも先頭に立たされるが、「育児休業を取ったといっても２週間。それ以上休むと、〝いらない社員〟と思われてしまう」と困惑している。そして「会社側は、イメージアップのために、『くるみんマーク』を取りたいだけで、自分の育休は実績作りに過ぎない」と実情を明かす。

くるみんマークとは、子育て支援に積極的に取り組んでいると認定された企業に与えられる標章のこと。次世代育成支援対策推進法に基づいた両立支援に関する行動計画を策定し、目標を達成するなどした企業に対して、厚労省が「子育てサポート企業」として認定する。その要件のなかに、「男性の育児休業取得者が1人以上いること」が挙げられている。

認定されればこのマークを商品や広告に掲示して、イメージアップを図ることができる。イクメン世代が育ちつつあるなかで、新卒採用で人気が高まる傾向があるほか、税制上の優遇措置なども受けられる。しかし、企業側が認定を受けさえすれば良しと考えるのであれば、本格的な育児休業取得にはつながらない。

ある総合商社の男性社員も「両立支援の制度が社内で立ち上げられたが、実情は夏休みを2週間とることだって難しい。この状況で男性が育児休暇なんてありえない」と断言する。

確かに妻から見れば、2週間程度では、育児休暇は記念でしかないのかもしれない。それでも男性が育児休業を取ろうとする時、決死の覚悟が必要な場合はまだまだ多い。

関西地方で金融機関に勤める男性（32歳）が恐る恐る上司に「子どもが生まれます。私も育児休業を取りたいと思っています」とお伺いをたてると、即座に「よく考えてみろ。うちにそんな余裕はあるか？」と一蹴されて終わったという。これが現実なのではないだろうか。

「パタニティハラスメント」が起きている

育児休業は妻が専業主婦の男性にも認められている（夫が専業主夫である働く妻にも同様）が、なかなか取得率は増えていない。男性の育児休業取得率は、1996年度の0・12％から2013年度は2・03％となったが、依然として低いままだ。実際の取得期間も短く、2012年度の調査では、多い順に「5日未満」（41・3％）、「5日〜2週間未満」（19・4％）、「1か月〜3か月未満」（17・9％）、「2週間〜1か月未満」（14・8％）となり、育児休業というより出産休暇程度の日数でしかないのが現状だ。

連合が働く男性に対して行った「パタニティ・ハラスメント（パタハラ）に関する調査」（2014年）では、「自分の職場で、男性の子育てに対し『最も理解がある』と感じるのは誰か」を尋ねた回答では、最多が「職場には誰もいない」で45・1％に上った。次いで「同僚・部下（女性）」の15・9％だった。「男性の子育てを支援する制度」の有無を聞くと、「ある」が43・3%でも、「十分に使われている」はたった8%だった。

「育休を取得したかったができなかった・したいができない」と思う理由（複数回答）の1位は「仕事の代替要員がいない」（57・9%）で、以下「（育休中は無給のため）経済的に負担となる」（32・6%）、「上司に理解がない」（30・2%）、「仕事から離れると元の職場に戻れるかどうかわからない」（26・9%）、「昇進・昇給への悪影響がある」（22・2%）と続く（図4-2）。

子どもがいない人を対象にした質問では、育児休業を「子どもが生まれたときには、取得したいし、取得できると思う」が26・3%、「取得したいが、取得できないと思う」（52・2%）、「取得したいと思わない」（21・5%）となっている。また、子どもがいる回答者全体の約半数は育児休業を「取得したことはないが、取得したかった」と答え、うち20代は約6割にも上るなど、男性の苦悩がうかがえる。

全回答者中パタハラされた経験を持つ者は11・6%だった。

そうした傾向のなかで、育児休業を取りたい、きちんと妻と育児を分担したいと思っている男性社員が、実際にそうすると左遷されたり、上司からハラスメントに遭うことは少なくない。

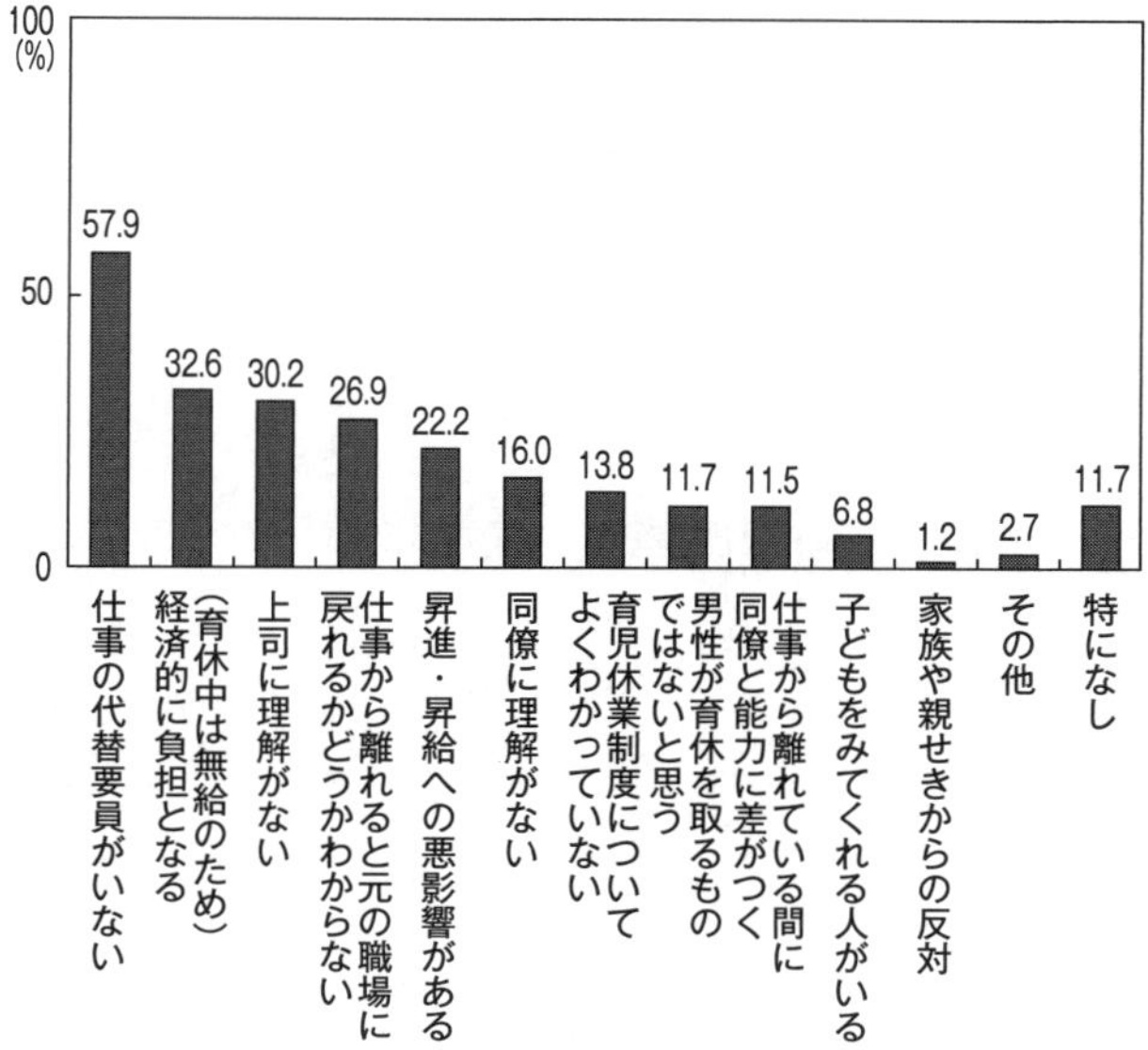

［図 4-2］**育休を取得したかったができなかった／取得したいができないと思う理由**

出所：連合（日本労働組合総連合会）「パタニティ・ハラスメント（パタハラ）に関する調査」

情報関連会社で開発に当たる技術職の男性（35歳）は4年前、不妊治療を経ての待望の子宝を授かった。男性は社内でも大きな仕事を任されていたが、3か月の育児休業を取得した。休業中の仕事の引き継ぎをして、育休に入ったが、職場に戻ると、プロジェクトから外されていた。上司は「担当者がころころ変わると取引先に印象が悪い」と理由をつけたが、その上司は男性がいない間、「男が育児休業を取るなんて、仕事をなめてる」と周囲に漏らしていたことを知った。その後男性は「君は子どもを理由によく休むから、残業もないほうがいいだろう」と言われ、開発部から左遷されてしまった。

その顚末を見た同社の若手の男性社員たちが、次の育児休業取得に踏み切ることはなかった。育児休業を取ることや、残業しないで子育てや家事のために早く帰ることが「出世に響く」「仕事を評価してもらえない」と思えて躊躇したのだった。

就活に不利なイクメン志望

筆者が最初に男性の育児休業の冷遇について取り上げたのは、10年前、『週刊エコノミスト』に在籍していた2006年だった。男女雇用機会均等法施行20年をきっかけに、「女と男が働きやすい職場」という特集を企画し、「資生堂で初、男性が育児休業　半年後に職場復帰、『何でお前が休むの』と言われ」という記事を書いた（同誌2006年10月3日号）。

当時、両立支援で名高い資生堂の大阪工場の正社員の男性が、男性として半年という初の本格的な育児休業を取得したという〝好事例〟を取材したはずだった。確かに、育児休業を取るまでは良かった。妻は、超就職氷河期に地元の中小企業で初の営業職として採用されていたため、車で取引先をあちこち回っていた。結婚した時の約束は、「育児は半分ずつしよう」。妻が先に半年の育児休業を取り、夫が続いてやはり半年の育児休業を取った。男性は、「子どもが初めて発した言葉がパパで嬉しかった」と喜んだという。

ところが、妻にも取材の同席を求めると、お怒りのご様子。「夫は職場復帰後に周りから無視された」と言うのだった。工場のラインを調整する役割の男性は、妻よりは仕事の代替が利くため、急に子どもが病気になれば、早退したり、看護休暇を取っていた。すると、上司が「なんで男のお前が休むんや」と厳しい目を向けたため、巻き込まれたくない同僚が男性から離れてしまったのだった。天下の資生堂でも、地方や上司によっては、両立支援は使いづらいものとなっていた。

それから10年経った最近では、『AERA』2016年2月15日号にも記したように、この問題が新卒採用においても起こっている。

今や男子学生でも「いつか結婚して子どもができたら育児休業を取ってみたい」と思っている場合が多い。しかし大学4年生のある男性は、就職活動の中で「イクメンになりたいと思っていると不利になる」と肌で感じることになった。

その男性は、ある金融機関の会社説明会で「男性でも育児休業を取ることができますか」と手を挙げて質問した。人事担当者は笑顔で「もちろん、当然の権利です」と答えてくれたので、「この会社は働きやすいのではないか。一生、働けるのではないか」と感じた。

筆記試験をパスし、面接が進んでいった。内定に手が届きそうだと感じ、思い切って「男性社員で育児休業を取った人はどのくらいいますか?」「どのくらいの期間、休むことができますか?」「みなさん、どうやって両立していますか?」と面接官に細かく聞いてみた。

すると「君さぁ、育休なんて、何なよっちいこと言ってるの。男が悠長に育休なんて取れるわけないでしょ? 夏休みだって1週間取るのがやっとなのに。仕事やる気あるの? うち、転勤もあるよ」と、面接官はいぶかし気に言った。

結果は不採用。他の企業も、男性が「育休を取ってみたい」と話題にした企業は、偶然だったのかもしれないが、不採用となった。「男性が子育てしたいということが悪いことのようだ」と、彼は愕然とし、しばらく面接では育休のことに触れなくなってしまった。

男性はその後、ワークライフバランスを考えて、転居を伴うような全国転勤のない「地域限定正社員」の試験を受けてみたが、面接官はしつこく「今はひとり暮らしだけど、働き始めたら実家から通えるのかな？ ご両親はご健在？」と聞いてきた。その会社は、実際残業も少なくワークライフバランスを図ることはできそうだったが、新卒の給与が手取り16万円程度で将来もそこからあまり上がらず、家賃のかからない実家から通勤することを前提として採用していると知った。

男性は、「とりあえず内定の出た企業に入るつもりだけれど、育休を取るのは無理だろう。経済的に自立もできて子育てもできて、という企業がどこにあるんだろう」と悩んでいる。

「したい」と思っても「できない」現状

若い男性の意識は確実に変わってきている。

旭化成ホームズの共働き家族研究所では、「いまどき30代夫の家事参加の実態と意識」調査報告書で、「家庭科」を中学・高校で男女がともに学ぶようになったのは中学が1993年、高校は1994年からで、今の30代のカジメン、イクメンの存在に、家庭科の授業が影響を与えたと分析している。

同報告書によると、調査の始まった1989年からの四半世紀で、夫の家事の関与度は大きく上昇している。現在の夫は、特に共働きであれば平日はできることはして、休日はもっと頑張っている様子がうかがえる。1991年調査では、子どもが急病になった時、「主に妻が休む」が約6割、「夫婦交代で休む」は約2割だった。それが2012年調査では、設問が異なるが、「子どもが病気のときには仕事を休む（休んだ）」夫は共働きで66％に上る。これらの背景には、夫婦関係がフラットになっていることもあるのではないか。同報告書が引いている博報堂生活総合研究所「日本の家族25年変化」によると、「理想の夫婦像」を「友達夫婦」とする割合が年々と高くなっていることが分かる。また、1998年を境に「カカア天下」が「亭主関白」を上回るが、これは、共働き世帯が専業主婦世帯をはっきりと上回った時期と重なる。

また同報告書では、夫を以下の3タイプに分類している。調理・洗濯・掃除・育児にまんべんなく関わる「スゴカジパパ」、育児中心に関わり、調理や洗濯への関与は低い「チョイカジパパ」、全体的に家事・育児への関与度がかなり低い「ノンカジパパ」だ。

スゴカジパパは年代が若いほうが多く、ノンカジパパは高年齢ほど多い。家事に対する役割意識で、「家事はその内容によって夫婦で得意なほうがやればよい」「父親が家事をするのは子どもに良い影響がある」「家事は家族がコミュニケーションを取る方法の1つである」などの項目に賛成する割合で、スゴカジパパはチョイカジパパ、ノンカジパパを上回る。「家事は女性がするものだ」とは思っていないのと同時に「家事をすることは、家族の中での自分の大事な役割である」と思っている。そういうパパなら、ママから死んでほしいとは思われないにちがいない。

内閣府「平成21年度インターネット等による少子化施策の点検・評価のための利用者意識調査　最終報告書」（2010年3月）でも、30代で「共働きであれば、家事は父親と母親が同等にすべきである」と、男性でも22・6％が答え、女性では23・4％が答えている。しかし、実際の夫婦の家事・育児の分担割合を年代別に見ると、全年代で「夫1割、妻9割」が最も多く、40代では「妻10割」という回答が男性8・6％、女性18・4％を占めるようになる。

夫が「したい」と思っても、「できない」のが現状なのかもしれない。それでも、ささやかな努力をする夫も少なくはないが——。

それ、甘いから！

「たまに料理をすると良い気分転換にもなるし、妻も喜んでくれる」

そう信じていた田村良介さん（仮名、29歳）は、「これが男の料理だ」と腕に自信を見せていた。共働きの妻に代わって、週末は月に1、2回、腕を振るってパエリアや炊き込みご飯など凝った料理を作るそうだ。妻（28歳）も「あー、美味しいー」と、笑顔を見せてくれるため、満足感がある。ただ、この仲睦まじい2人の姿が見られたのは、結婚後、せいぜい半年くらいまでだった。

「ちょっと、これ何？」

次第に食事の後で妻が台所に入ると文句を言われるようになった。鍋やフライパン、食器を使ったままにすると「片付けは？」と叱られる。鍋を焦がそうものなら「いいよね、たまに作るだけの人は」と嫌味さえ言われる。

あれ？　せっかく良いことしたのに……。

とりあえず、馬耳東風で行こう。ただ、「まだ2人の生活だからいいけれど、子どもができたらどうなるか」と、良介さんは戦々恐々としている。

小さい子どもがいて共働きをしている女友達に聞くと「えー、月1、2回料理したくらいではダメじゃん」と笑われた。どうやら友達の夫は少なくても毎週末は料理を担当。平日も、週1、2日は夜ご飯を作っているらしい。「そんなレパートリーないんですけど。それに、平日なんて仕事があって無理でしょう！」と話すと、友人は「それ、甘いから！育児なんて毎日が戦争だよ。ちょっと料理したくらいで、片付けもしないんだったら、絶対、私ならキレるね。共働きでしょ？　そりゃ、子どもいなくても、ソッコー離婚だ、離婚。やばいよ、それ」と強調する。

——自分にできるだろうか……。

試しに、料理をした後で食器洗いをしてみると、妻が上機嫌で「やればできるじゃん！」と褒める。さらに平日、「今日は何か作ろうか」とメールを送ってみたら、「いいね♡」と結婚以来、初めてハート付きの返信が届いた。

——そうかぁ。そういうものなのか……。

離婚は避けたい良介さんは、密かに努力をしようと画策している。

理想の夫は何をしているか

男性側にも、やむにやまれない事情があるだろうし、いろいろ影の努力をしている男性も多いに違い。しかし残酷なようだが、結局は妻がそれをどう感じるかどうか。

実際、妻の側は、どのくらいの家事や育児を求めているのだろうか。個々の価値観や状況が違うことは大前提だが、理想に近いだろうと思う男性の例を紹介したい。

教育関係の団体に勤務する山野正人さん（仮名、46歳）は「家事は、〝どちらかがやる〟ものではないのではないでしょうか」と、穏やかな口調で話し始めた。

「どこまで夫が家事をしても妻が幸せに思うとは限らない難しさがある。だからこそ、互いが納得できるルールや分担の具合があれば良いのではないか」

そもそも正人さんは、「年収が2000万円も3000万円もあればイクメンになる必要もないかもしれない。そこから仕事に専念して年収5000万円を目指して、家事は妻がするかハウスキーパーを雇えばいいかもしれないけれど、われら一般のサラリーマンは、そこそこの年収で頭打ちになるのだから、家の中のことも男性がすべきだ」と考えている。

正人さんは大学を卒業して団体職員となった。25歳で大学時代の同級生と結婚。妻は最近仕事を辞めたが、当時は飲食会社で正社員として働いていた。埼玉県ののどかな地域に暮らし、周囲では、農園が多く朝摘みの果物も手に入りやすい。地元産の野菜で料理をして、1杯飲むのが楽しい。

毎年2月は正人さんの仕事の繁忙期となり、職場近くのホテルに1週間は泊まり込みの生活となる。6月は出張が立て込み、月の半分から3分の1は家にいない。他の月も出張が多いから、日頃はできることはしたいと考えている。

日曜になると、その日のご飯を作りつつ、「明日は何にしようかな」と献立を考える。「よし、里芋を煮ておこう」と決めれば、作った料理をタッパーに入れておく。子どもが生まれる前から、週末に1週間の献立を考えて、早く帰ったほうが夕飯を作る生活を送っていた。

28歳で子どもが生まれた。妻が育児休業を取ったが、子どもが赤ちゃんの頃は、正人さんはいつでも世話ができるようにベビーベッドのすぐ脇に寝ていた。泣けば抱っこして、「オムツかー?」とあやしながらオムツを交換するなど、子育てを楽しんだ。ふと、子どもがつかまり立ちをしてニコニコしながらこちらを見ていることもあり、正人さんの心はなごんだ。

料理も変わらず正人さんがする。いつもの日曜の買い出しの後、魚は味噌漬けにして冷凍庫へ。離乳食のダシを作っては、製氷トレイに注いで冷凍した。こうすれば氷1つで15ccになるためちょうど良い。凍っただし汁はフリーザーパックに入れて保存し、お粥を作るためのストックにした。料理をしながら、「食卓に自分はいなくても、こうすればお父さんが作っていることを分かってもらえる。これがあれば、家族の接触がゼロにならずに済む」と、心が弾んだ。

「男おばさん」を楽しむ

子どもが保育園に通うようになると、毎日の送り迎えもできる時は進んでしていたが、運動会などのイベントには仕事のためにほとんど行けなかった。せめてと思って、連絡ノートは毎日正人さんが書いた。担任の保育士には「お父さんと交換日記しているのよ」と言われるくらい、マメにノートを書いていた。

朝ご飯の支度と子どもにご飯を食べさせるのも正人さん。女性は出勤前は化粧をするなど時間がかかるため、「できるほうがすればいい」と気負わず正人さんがしていた。朝は、1時間のなかで、子どもを起こし、ご飯の支度をして食べて、子どもの熱を測って着替えをさせ、自分の支度をする。連絡ノートを書くのもその間だ。

子どもが体調を崩せば、正人さんも会社を休んで看護した。子どもの発熱などはいつも急だ。日ごろから、いつ休んでもいいように、仕事はなんでも締切に余裕を持って終わらせるようにしていた。有給休暇が前年の繰り越しも含め40日分あっても、年度末は「マジック1か2」、つまり残りが1、2日となった。うっかり自分が風邪などひけない。

夫婦それぞれ仕事の波がある。前もってスケジュールを知らせて調整すれば喧嘩にはならない。この頃から、帰宅後に翌日の晩ご飯まで仕込みをしていた。天然のダシを取り、味噌汁を作った。普段からこのような調子だから、保育園では、正人さんに〝ママ友〟がたくさんできた。

正人さんは自らを「男おばさん」と呼ぶ。買い物かごの似合う男子がいてもいいんじゃないか。皆がそうでなくてもいいと思うが、その人その人が、自分の置かれた環境を考えて家事や育児に向き合えばいいと自然体だ。

自分が楽しくなる育児

家事の分担を語る時、ついつい妻の側は「何もしてくれない」と言い、一方の夫の側は少し何かしただけで「やっている」と言う。そこには、双方ともに思い込みと勘違いがある。家事はごく当たり前の普通のこと。生きていれば避けられない。よくある女性誌や育児書のように「夫をおだてて育児に協力してもらいましょう」というのでは、男は単純なバカだと言っているようなもの。それより、哺乳瓶の洗い方や消毒の方法を1つ1つ一緒にやってみて、夫ができることを増やせばいいのではないだろうか。

「母親の子連れより、世の中は父親の子連れに優しい傾向がある。そこに〝甘え〟て、小児科医や保育士、ママ友と子どものことについて相談できる、妻以外の子育ての味方をつけると、ぐっとやりやすくなる」と、正人さんは自身の育児を振り返る。実際子どもと一緒に外に出ているうち、いろいろな人と話をするチャンスに恵まれた。自分が楽しくなるように育児をすればいいのだ。

いきなり正人さんのような理想的な夫になるのは難しいだろうが、もし夫がこんな境地になってくれたら、世の妻たちも夫に改めて胸キュンとなるのかもしれない⁉　ただ実際には、ここまでできる男性は少なく、夫は死んでほしい対象になるか、あるいは離婚を言い渡されるかの分かれ道が訪れる。

第五章
離婚するよりおトク⁉
だから妻は夫の死を願う

離婚という選択肢

本書に登場した妻たちは、本来なら離婚したいけれど、何らかの理由で離婚できないと感じているからこそ、夫に死んでほしいと思っている。

では、離婚はそれほど大変なことなのだろうか。

離婚など家事裁判を得意とするクラマエ法律事務所の山崎新《あらた》弁護士は、こう明言する。

「夫に死んでほしいと思うくらいなら、離婚を考えても良いかもしれない。迷った末に離婚して、晴れ晴れとしている人はたくさんいる。死んでほしいと思いながら我慢するほど、離婚が大変なものとは思えない。夫に死んでほしいと思うのは、よほど離別のイメージが悪いのかもしれないが、そんなことはないのに、と言ってあげたい」

実際に山崎氏をはじめ、弁護士事務所のドアをくぐるまでには、身体的暴力のDV、生活費を渡さないなどの経済的DVなど深刻な状態に陥っているケースが少なくない。

厚労省「人口動態調査」を見ると、2014年の離婚件数は22万2107組。前年を下回り、2002年の28万9836組をピークに減少傾向が続く（図5－1）。これは、不況や雇用情勢の悪化から離婚するにできない、というのが理由だと筆者は見ている。離婚

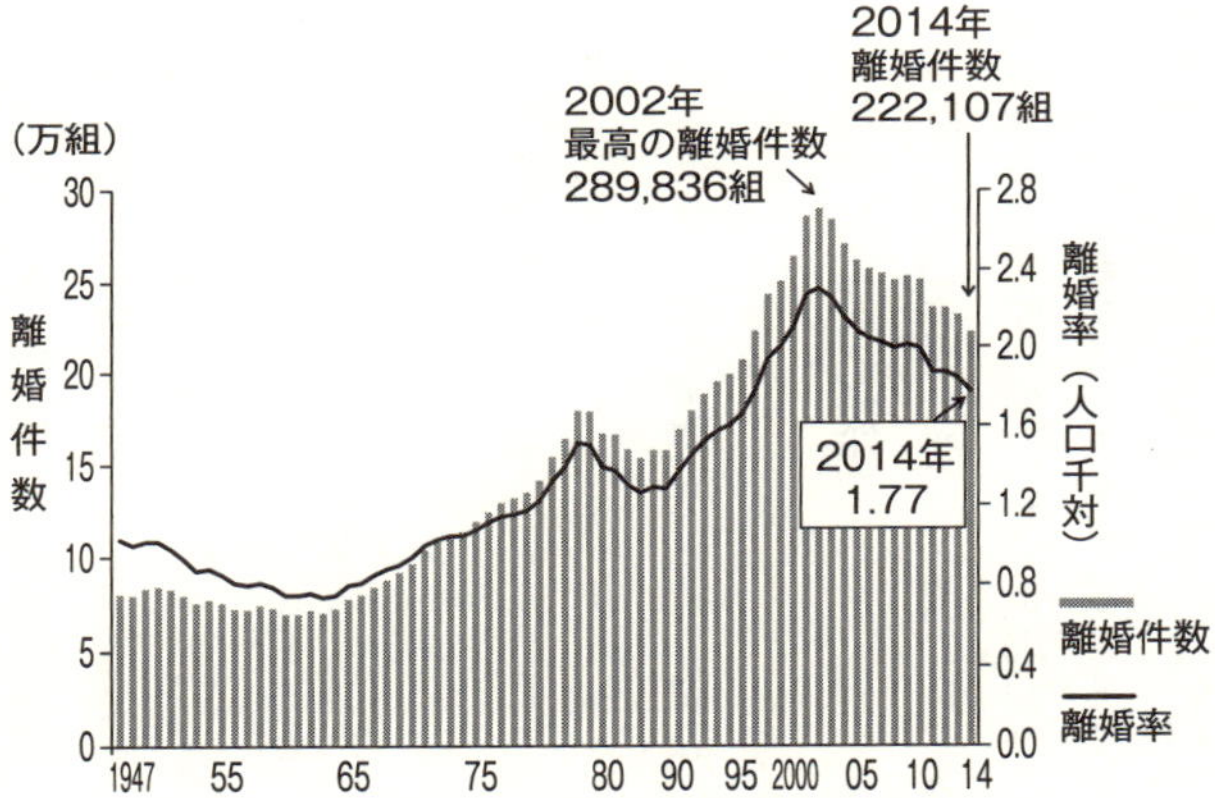

［図 5-1］ **離婚件数及び離婚率の年次推移**

出所：厚生労働省「平成26年人口動態統計月報年計（概数）の概況」

の理由は「性格が合わない」が多く、「暴力を振るう」「生活費を渡さない」「精神的に虐待する」「異性関係」も多い。前著『ルポ母子家庭』（２０１５年、ちくま新書）では、離婚しても仕方ないだろうと思える例ばかりだった。

離婚の話がこじれれば弁護士を頼ることがほとんどだろう。弁護士事務所の門を叩くケースは、ＤＶに苦しんでいる、子どもに悪い影響を与えるなど、離婚する不安より一緒にいることの危機感が勝る人たちだ。だから、たとえ夫が土下座して泣いても気持ちが揺るがないという。

山崎氏は、「経済的に自立できなくても、夫に財産があれば財産分与を請求できる。夫も妻も経済力に乏しく離婚に躊躇する場合でも、最終手段として生活保護を受けながら自立に向けていくこともできる」とアドバイスし、「浮気やDVなどの証拠を集めるなどの一定の大変さはあるが、弁護士からすれば、時間はかかっても、最終的に離婚はどんな人でもできる。一歩、踏み出しても良いのではないかと思う」と心強い。

専業主婦やパート社員のように収入が少なく、子どもを連れて離婚するケースでは、一時的に生活保護を受けることは少なくない。看護師などの資格を取って生活保護から抜けていった例もある。離婚が成立して夫から養育費などを支払われるまでの間だけ生活保護を受けてしのぐような救済方法もある。実際、離婚した母の14・5％が生活保護を受給している（厚労省「全国母子世帯等調査」2011年度）。

経済的DVからの脱出

実際に生活保護を受けて離婚に踏み切り、現在、生活の立て直しを試みているケースを紹介する。離婚の原因は経済的DVだった。

「女が稼ぐようになると男はダメになる。そんな夫との生活維持より、離婚して生活扶助を受けて暮らしたほうがずっといい」

都内に住む西沢京子さん（仮名、50歳）はこう断言する。結婚当初から、夫の稼ぎはあてにできず、むしろ京子さんが夫を養っていた。どうも夫は、「女の稼ぎが良い＝自分のバリューが削られる」と思っているようだった。そのうち「自分は稼げないから、働いて」となっていった。夫は楽な生活を好み、京子さんに甘えきった。世帯主になりたいけど、大黒柱にはならない。

稼げば稼いだだけお金を遣ってしまう夫。給与をさんざん遊びに遣った後で「ごめん、今月は5万円」といった具合で生活費を渡された。家賃は7万円。子どもの保育園の保育料も払わなければならないし、どう考えたって赤字になる。そのくせ夫はといえば「これだけ働いて、これしか遣えないのか」と文句を言う。これでは、女性にとって結婚のメリットなどもはや何もない。夫がいたほうが貧しく、生活保護を受けたほうが豊かな暮らしができる矛盾のなかにいるくらいなら、離婚したほうがマシだ。夫には借金癖もあり、いつ何をしでかすか怖い。子どもに借金を残すわけにはいかない。

離婚しても、夫は養育費を月1万円しか払わない。それだって、いつ滞るか分からない。離婚する前だって、さんざん「お前の名義で借りてくれ」と借金させられたくらいだ。

遺族年金はいくらもらえるか？

離婚してお金を遣う夫がいなくなり、「これが本当なら夫が死ぬことで遺族年金が出るならどんなにいいか」と思った。制度そのものは、夫が養うということを前提にされているが、現実的には「おいしい制度だ」と思った。

――結婚なんてコリゴリ。あとは恋人ができるか、同性の仲のいい友人でもいれば寂しくはないだろう、生活は安泰だ。

こう想像すると、だから、夫が死ねばいいのに、と思えてしまう。

実は京子さんは、以前生命保険会社で外交員をしていた時に、遺族年金などの制度について調べたことがあった。離婚と死別では差が大きいことを知り、「だったら、ダンナが死んだほうが得だ。死別の支援は手厚い。5万円でも10万円でも働くことができれば、ダンナはいらない」と強く思っていた。

遺族年金のおおまかな解説をしたい。

配偶者が自営業などで国民年金の被保険者である間に死亡した時などを要件とする「遺族基礎年金」、サラリーマンで厚生年金保険の被保険者である間に死亡したときなどを要件とする「遺族厚生年金」だ。遺族基礎年金は、死亡した人によって生計が維持されていた「子のある配偶者」または「子」が受給できる。「子」とは、18歳になった後の最初の3月31日まで、または1級・2級の障がいの状態にある20歳未満の子が対象で、婚姻していると対象外となる。

遺族厚生年金の受給対象は、死亡した人によって生計を維持されていたことが前提。さらに優先順位があり、①「子のある妻、子のある55歳以上の夫」「子」「子のない妻」「子のない55歳以上の夫」、②「55歳以上の父母」、③「孫」、④「55歳以上の祖父母」となる。前者3例は、遺族厚生年金に加えて、遺族基礎年金や中高齢の寡婦加算額も受け取れる。主たる生計維持者の配偶者（妻）を亡くしたのが夫であると55歳以上という厳しい要件となるため、夫を亡くした妻のほうが有利な制度といえる。

遺族基礎年金は、子のある配偶者は78万100円に子の加算額が加えられる。子どもが受け取る場合は、78万100円に2人目以降の子の加算額が加えられる。1人目および2人目の子の加算額は22万4500円で、3人目以降の子の加算額は1人当たり7万4800円となる。

遺族厚生年金の受給権があれば、この遺族基礎年金に上乗せして遺族厚生年金が受給できる。これは、2003年3月以前と4月以降で計算方式が変わる。2003年3月以前の場合は、平均標準報酬月額（各月標準報酬月額の総額を被保険者期間で割り算）に1000分の7・125を乗じ、そこに2003年3月までの被保険者期間の月数を乗じて計算される。2003年4月以降の被保険者の場合は、平均標準報酬額（標準報酬月額と標準賞与額の総額を、被保険者期間で割り算）に1000分の5・481を乗じ、そこに2003年4月以降の被保険者期間の月数を乗じて計算され、全体に4分の3を乗ずる。

例えば、2000年4月から働き始めた月給30万円のサラリーマンの夫と妻が専業主婦で子どもが1人いる家族で、夫が2016年3月に亡くなると、遺族厚生年金が26万933円に子ども1人の22万4500円が加算されて遺族基礎年金に上乗せされるため、合計で127万3993円を受給することになる。

単純計算で月額10万円くらいになる。それに加えて、もし住宅ローンを組んで家を購入していれば、ほとんどのケースで団体信用保険に加入するため、ローンの名義が夫のみであれば、その夫が亡くなるとローンはすべて保障され、返済することなく家は自分のものとなる。もし学資保険に夫名義で加入していれば、それも夫が亡くなると保障されて、残りの保険料を支払うことなく満額を受け取れることになる。家賃がかからず、学費にあてもつき、子どもが18歳になるまでは毎月約10万円を受け取ることができるため、フルタイムで働かなくても生活の見通しがつけやすいのだ。

女性1人でも子ども産み育てられる社会に

実際、シングルマザーが働いても、思うような収入は得られない。厚労省の調査では、2010年の母子世帯の「就労収入」は181万円となっている。それに、生活保護の場合の給付、児童扶養手当などの社会保障給付金、別れた配偶者からの養育費、親からの仕送り、家賃・地代などを加えたすべての「平均収入」も223万円と少ない。また、養育費を受けたことがない母は6割に上る。養育費を受けていたとしても、その平均額は、4万3482円で、十分な金額とは言えないだろう。

こうしたこともあって、離婚した母の14・5%が生活保護を受給しているのが現状だ。また、母子世帯で母が公的年金を受給するうち、75・6%が遺族年金を占めている。公的年金の平均月額は11万9000円となっている。

そして、厚生年金保険にはないが、国民年金には独自給付として、一定の条件つきで「死亡一時金」と「寡婦年金」とがある。死亡一時金は、第1号被保険者（自営業や学生などが加入する）としての保険料納付済期間が3年以上あれば遺族が受給できる。保険料納付月数によって金額が違い、12万円から32万円が受給できる。

寡婦年金とは、第1号被保険者としての保険料納付が済んでいる期間と保険料免除期間を合わせて25年以上ある夫が死亡した時、夫によって生計を維持し、かつ、夫との婚姻関係（事実婚を含む）が10年以上継続している妻が60歳から65歳までの間、受給できる。金額は、夫の死亡日の前日までの第1号被保険者としての被保険者期間について、老齢基礎年金の計算方法によって計算した4分の3となる。

この寡婦年金について知った前述の京子さんは、「婚姻10年が経たないとダメだ」と、夫に死んでほしいと願う気持ちを思わず抑えた。これまで安定した職に就けなかった夫は、国民年金に加入していた。京子さんがもし夫を亡くして「寡婦年金」をもらうには、その要件として夫が国民年金の第1号被保険者として25年以上、保険料を納め、10年以上継続して婚姻関係にあり、京子さんが夫によって生計維持されていたことが必要になる。つまり、少なくても10年は婚姻していなければならない、ということがいつも頭をかすめていた。だから、結婚から10年経つと、毎日遺族年金暮らしの生活に憧れた。

――結婚10年で逝ってくれれば、良い奥さん、良い母のままでダンナを卑下することなく、寡婦年金まで自動的に生活費として入ってくる。これって、一番良い生活ができるのではないだろうか。

こうした制度については、女性の自立を妨げるとして抵抗があったが、「この結婚制度は男が作ったんだから、それにあやかったっていいはず。今、その男のせいで、こんなに苦しいんだから」と思えてきた。

たいして役に立たない夫がいなくても、保育園や学童保育の基盤がしっかりしていれば、自分が働けばなんとかなる。自分は歯を食いしばってでも頑張れる。けれど、子どもへの社会的な支援はもっと必要だと切実に感じる。

「お願いだから、子どもへの支援制度をもっと手厚くしてほしい。国の予算を子どもに向けてほしい。男性がいなくても子どもを産み育てられる社会であればいいのに。相手に失望した時に、やり直せないから、相手の死を望んでしまう社会制度なんだ」

京子さんは、離婚した今、そう実感している。

借金夫との離婚

夫に死んでほしい妻が減少するには、翻っていえば、そもそも社会保障などの社会基盤の抜本的見直しが必要なのだが、今のところ、実家という存在が社会保障の役割を果たしているに過ぎない。

美容師の秋野沙耶さん（仮名、38歳）は、10歳、7歳、5歳の子どもがいるシングルマザーだ。今は実家に戻って生活をしている。

28歳で国家公務員と結婚。転勤の多い彼に〝ついていく〟形で専業主婦になり、全国を転々としたが、夫の借金が原因で離婚した。

子どもが生まれて4か月ほど経った頃、借金返済の督促のハガキが何枚も届いた。理由を聞いても夫は貝のように口をつぐむ。何十社もの消費者金融から合計460万円を借りたうえ、子どもの学資保険も解約し遣っていた。借金は沙耶さんの貯金や夫の実家で用立ててもらい、すべて返済した。すると親からの借金が残っているうちに、次は200万円の新たな借金を重ねた。問い詰めると、「小遣いが月2万～3万円で少ない」と、沙耶さんに責任を転嫁した。夫の給与は手取り24万円。相応の金額だろう。

「3回目をやったら次はないよ」

その半年後、300万円の借金が見つかった。10万円をはたいて探偵を雇って調べてもらい、その事実が判明した。スロットで負けたのではないかと疑った。夫は仕事が忙しいと言って、土日しか家に帰ってこなくなった。何を聞いてもだんまり。携帯を2台持って、2台目の番号を教えない。月5万円も携帯電話の料金がかさんだこともあり、行動がますます怪しい。

これはもう離婚だと、水面下で準備を始めた。真ん中の子が幼稚園の年中の秋だった。離婚をするなら、その子が小学校に上がるタイミングだと計画した。

離婚を考えてすぐ、ボーナスが出るとほとんどを自分名義の銀行口座に貯金し、3〜4年かけて1200万円を貯めた。貯金ができたことで心の余裕ができ、自信を持って別れられると心を強くした。

夫には借金の督促状と離婚届を突き付け、「分かってるよね」とすごんだ。夫は素直に応じた。

「離婚してせいせいした。借金ストレスから解放された」と、晴れやかな気持ちになって実家を頼って再スタートを切った。

結婚を機に専業主婦になっていた沙耶さんは、それからは、家の前にできたスーパーで、レジ打ちのパートを時給900円で始めた。それなら子どもも寄ることができると考えたためだ。1日朝の9時半から夕方5時半まで、週4日働いた。

頼れない保育園の現実

幼い子をもつひとり親にとって必要不可欠な保育園は、かえって就業を邪魔した。公立保育園に子どもを預けていたが、喘息の子どもが少しでも咳をすれば呼び出されるので、おちおち働いてもいられなかった。37・4度きっちりでお迎えを呼ぶ電話が来る。慌てて迎えに行くと、お昼寝の直後で体温が上がっていただけということもあった。保育士が「できれば子どもが休んでくれたほうが、仕事が楽だ」という気配を醸し出しているため、子どもが情緒不安定になって話をしなくなったこともあり、保育園を転園した。

現在は、美容師に復帰して1日4時間働いている。収入は月10万円くらいだが夫から受けている養育費が月6万円あり、夫のボーナス時には20万円が振り込まれる。その他、児童扶養手当を合わせると1か月当たり10万円になる。ひとり親家庭に支給される児童扶養手当は、子ども1人の場合の「全部支給」は月額4万1020円で、所得に応じて減額され同4万1010円から9680円となる。そこに、子ども2人以上の加算額は2人目で5000円、3人目以降で1人につき3000円となる（2016年3月現在）。

沙耶さんの場合、合計で約20万円の収入があり、実家で家賃や生活費をみてもらっているため、目の前の生活だけはなんとかなっているが、実家も頼れず、離婚が進まないケースはどうだろうか。潜在的な夫に死んでほしい妻の存在が見え隠れする。

離婚調停の実際

「え？　夫に死んでほしいだなんて、そこまで思ったことはないです。けれど、よく考えてみると……」

――アルコール依存症の夫は弱っているみたいだし、調停の日に見かけると、あきらかに様子がおかしい。そろそろ死ぬかもしれない。でも死にそうで死なないな。あと10年くらい待てば……。いや、精神的な依存症だと死ぬ確率も高いし、その時のために何か準備しておかなきゃ。あ、やっぱりどこかで死ぬのを期待しているのかもしれない？

離婚調停中の三浦絢子さん（仮名、45歳）。『ルポ母子家庭』（ちくま新書、２０１５年）で、医師の夫がうつ病になって退職し、その後アルコール依存症になり生活が破綻。ついに夫との離婚を決意するまでをルポした。絢子さんには2人の息子がいる。夫が無職でうつ病ということは耐えられたが、アルコール依存症から下の子に暴力をはたらいたことで離婚を決意した。夫は溺愛する上の子だけ連れ去り、別居生活が始まった。

絢子さんにその後を聞くと、離婚調停はこじれにこじれていた。

2016年1月、絢子さんに取材した日は、ちょうど午前中に調停があり、夫が連れ去った息子についての面会交流が成立したという朗報を聞くことができた。ただ、調停は相手の住んでいる地域の家裁に申し立てるため、引っ越すと苦労するとため息交じりだ。

離婚裁判が調停を経てから行われるものとも知らずに弁護士探しを始めた絢子さんは、まず、その弁護士選びに苦労した。ホームページを見れば、「お気軽にご相談ください」とある。ところが実際に尋ねてみると、離婚について知識もなく何を相談したいのかも分からないうちに、「何がしたいですか？　調停？　離婚協議？　どのコース？」と急き立てられた。

弁護士が決まると、最初は別居時に連れ去られた長男の引き渡しを求める審判から始まった。申し込んだ際に「もっと早く言えばよかったのに」と言われたが、調停の流れも意味も分からない。夫と話し合う状態ではないなか、ぐずぐずしているうちに、調停を申し立ててから2か月もかかった。

上の子に対する面会交流の申し立てをすると、夫はかえって意固地になって息子に会わせまいと仕組んできた。争いたいわけではなかったから、その調停は取り下げた。

すると、夫が待ってましたとばかりに絢子さんに対して婚姻費用（生活費のこと）の請求について調停を申し立ててきたため、第2ラウンドが始まった。夫は、絢子さんと暮らしている次男との面会交流、離婚裁判まで求めてきた。

「ああ、ダメ夫。収入がないからって、実家で暮らしているのに婚姻費用を請求された時には『こいつ、婚費《こんぴ》まで請求しやがって』と信じがたい思いがした」

婚姻費用と財産分与

お金を運んでくれる夫なら死ぬのを待ってもいいかもしれないが、そうはいかない。婚姻費用は渋々受け入れ、次男の面会交流も認め、長男に会わせてもらうことを引き換えにした。婚姻費用は夫が申し立てた時点から払うこととなった。算定表の通りに請求され3万〜4万円を求められたが、月1万5000円に減額させた。夫が就職すればうやむやにしてしまおう。マンションのローンも抱えて家計は赤字だから、フェイドアウトを狙った。夫は1年前、再就職を決めて千葉県に引っ越していたが、ものの1か月半で辞めていたため、相変わらず婚姻費用を払うはめになった。

婚姻費用は申し立てた日から起算して計算される。逆に言えば、早く申し込まなければそれ以上遡って取ることができない。このケースでは夫が妻に請求しているが、多くの場合では、妻が夫に請求することになる。別居している間、多くは女性の家計は苦しいが、その期間の婚姻費用は言わなければもらえない。誰もそんなことは教えてくれなかった。もし夫に収入があれば、別居したら即座に婚姻費用の請求をすべきだと感じた。とにかくお金さえあれば、離婚しなくても暮らせていけて、落ち着くかもしれない。

財産分与では、1年半ももめ続けている。夫は「もっと金があるだろう」と言って、結婚前に開いた絢子さん自身よく分からない銀行口座について確認を求めてくる。その都度、銀行に行って残高証明をもらってこなくてはならない。面倒なのは、株やファンドだった。貯蓄は別居した時の残高でいいが、株や家は時価で算定される。最近は株価が倍になって夫の取り分が増えていた。やばい！

秘密にしていたネット証券の口座も見つかってしまい、開示しなければならなくなった。金融機関からの郵送物や通帳、カードはもちろん、パソコンの履歴も要注意だ。

もちろん本来は、お互いの財産をきちんと開示しなければならないが、ずっと働いてこなかった夫に2分の1の財産を分けるなんて、絢子さんからすれば「ふざけるな！」という話だ。どう考えても、家計への貢献度は違う。

財産分与も別居した日が起算となる。その前にどこかに財産を移しておかないと、残高証明から逃れられない。1日でも後では遅い。もし、その後で買い物やローンで大きな金額が落とされる予定だと言っても通らない。

離婚をめぐって、調停は面会交流が3回、婚姻費用1回、離婚調停が2回に上り、そして離婚裁判が2回、引き渡し審判2回、夫への貸金返還訴訟が1回……。

「この経験を活かして離婚コンサルタントにでもなろうか」と真剣に考えるほどだ。

前出の山崎弁護士は、こう指摘する。

「男性にも非正社員が増えた今、夫が十分な養育費を払い続ける保障もない。女性は出産で6割が仕事を辞めているなか、女性の就業率はM字カーブであっても、再就職はほとんど非正規しかなく、賃金カーブはM字にすらならない。現在のような夫婦財産を清算するだけの財産分与では、財産がない場合には妻の離婚後の保障は何もない。それに、子ども名義の学資保険や預金も2分の1ずつ分けることになってしまうが、それでいいのか疑問だ。

失った稼得能力を補填する形の財産分与を考えられないものか。妻や母親として生きてきたがために労働者としての賃金を回復できないなら、離婚後、夫からの財産分与で補うのが公平だ。

さらに、養育費の他に、出産退職による労働者としての逸失利益を生活保障費に充てるような方法を考えるべきだ。男女の賃金格差が大きい日本において、婚姻生活のために稼得能力を失った多くの女性が、離婚によって不利益を被らないよう、今後検討する必要がある」

愛していない夫の介護ができるか？

事実上、シングルマザーになった今、絢子さんは「たとえ仕事と子育てが大変でも、自分で選んだ道を歩くことができる」と実感している。

「婚姻はヤバい契約だ。35年ローンより怖い。ローンは繰り上げ返済できるが、夫は売却もできない。健康なうちはいいが、夫婦はマイナスも分け合わなければならない。お金がない、病気になる。死んでほしい相手でも、その夫婦の契約がつきまとう」と絢子さん。

確かに、民法では婚姻関係にある夫婦に助け合う義務を課している。民法第752条は「夫婦は同居し、互いに協力し扶助しなければならない」、第760条では「夫婦は、その資産、収入その他一切の事情を考慮して、婚姻から生ずる費用を分担する」、そして第761条では、「夫婦の一方が日常の家事に関して第三者と法律行為をしたときは、他の一方は、これによって生じた債務について、連帯してその責任を負う（ただし、第三者に対し責任を負わない旨を予告した場合は、この限りではない）」。

絢子さんは思う。

「もう愛していない夫の介護ができるか？　夫の両親の介護ができるか？　もし夫が健康を損なってから離婚したくても、見捨てるようで自分にとっても後味が悪い。夫が倒れて介護状態になってからは、離婚できなくなってしまう。別れるなら、相手が健康なうちがいい。愛せなくなったら離婚したほうがいいと思うが、それが実際にできないのが日本だ」

ちなみに、夫が認知症になったら、あるいは介護状態になったら離婚はできるのか。前出・山崎弁護士は「まず、意思能力のない意思表示は無効だというのが原則」と解説する。

もし夫が認知症になってから離婚したいと思っても、離婚の意味も分からないような人に、離婚届を書かせて、出して、離婚するのは無効になってしまう。いざ認知症になってしまったあとは、裁判所に成年後見人を選任してもらい、その後見人を相手に離婚裁判をすることになるという。

では、介護が必要な状態になったらどうなのか？　山崎氏は続ける。

「介護に関してはやはり一般的な家族としての『同居義務』『扶養義務』はあるけれど、いわゆる『身上監護（身の回りの世話）』という意味での介護をしなかったとしても、例えば裁判所から介護するよう強制されたり罰せられることはない。つまり、『介護しなくても違法だ』と罪に問われるようなことにはならない」

夫の介護なんて無理！と思ったら、少なくても認知症になる前に離婚すべきかもしれない。

すれ違う結婚意識とセックスレス

実は今、夫婦の意識のギャップが少しずつ現れてきている。

まず、結婚の動機からすでに、男性と女性にはすれ違いが生じている。

国立社会保障・人口問題研究所の「第14回出生動向基本調査　結婚と出産に関する全国調査　独身者調査の結果概要」（2010年）を見ると、「結婚相手に求める条件」は男女とも圧倒的に高率なのは「人柄」だ。それ以外で共通するのは「家事の能力」「仕事への理解」なのだが、男女で異なるのが、男性は「容姿」を、女性は「経済力」「職業」を重視していること。

明治安田生命生活福祉研究所の第7回「結婚・出産に関する調査」では、20〜30代の未婚者で「結婚したいと思う理由」の女性のトップが「子どもが欲しい」（20代が58％、30代が48・1％）で、「好きな人と暮らしたい」を数％上回る。一方、男性のトップは「好きな人と暮らしたい」（20代で70・5％、30代で66・5％）で、「子どもが欲しい」は20代37・6％、30代40・2％となっている。女性は子どもが欲しい意識が結婚をかりたて、男性は好きだから結婚すると考えている。このスタートの相違は、年々と拡大していくようだ。

リクルートのブライダル総研「夫婦関係調査2011」では、「配偶者のことを愛している」という率は、結婚1〜3年では男性が92・2％、女性が89・7％であまり変わらないが、女性は結婚11年以降にがくんと減って50％台となる。結婚31年以上では男性は76・5％だが、女性は54・6％まで落ち込む。2015年の調査でも、60代の夫婦の差が大きく、「夫婦関係に満足している割合」は夫が75・3％に対して妻は61・4％となっている。

夫婦関係に満足できず、愛していると感じない夫を「異性」として見ることができなくなるのは当然で、本書でこれまで見てきたように、やがてセックスレスになる。

相模ゴム工業が2013年に行ったWEBアンケート調査「ニッポンのセックス」を見てみよう。

既婚者・交際相手がいる人に対して「結婚相手、交際相手と世間一般に言うセックスレスだと思いますか?」という質問に対し、既婚者の55・2%が「セックスレスだと思う」と答えた。特に40〜50代の男性が6割と多い。セックスが少ないと答えた人に対して「もっとセックスをしたいと思いますか?」と聞くと、男性の75・2%が「したい」と回答しているが、女性は35・8%にとどまり、年齢を追うごとにその差が広がっている。

「もっとセックスをしたい」と答えた人に対し、「なぜご自身の希望よりもセックスが少ないと思いますか?」の答えのトップは、男女ともに「相手がその気になってくれない」。20〜30代女性は「忙しくて時間がない・疲れている」も多かった。女性がセックスをしたくないと思う理由は30〜40代で「面倒くさい」「性欲がない」「仕事や家事などが忙しく疲れている」が多い。40代女性の1割に「相手に愛が無い」も見逃せない結果となった。

日本家族計画協会が行った「第7回　男女の生活と意識に関する調査」(2014年)でも、夫婦のセックスレス化が分かる。婚姻関係にある男女で「この1か月以上セックスが行われていないセックスレス」について、2004年は31・9%だったが2014年には44・6%に上昇している。16〜49歳の男女で、セックスをすることに「関心がない」と「嫌悪している」を加えた割合は、男性全体で18・3%、女性全体で47%となっている。

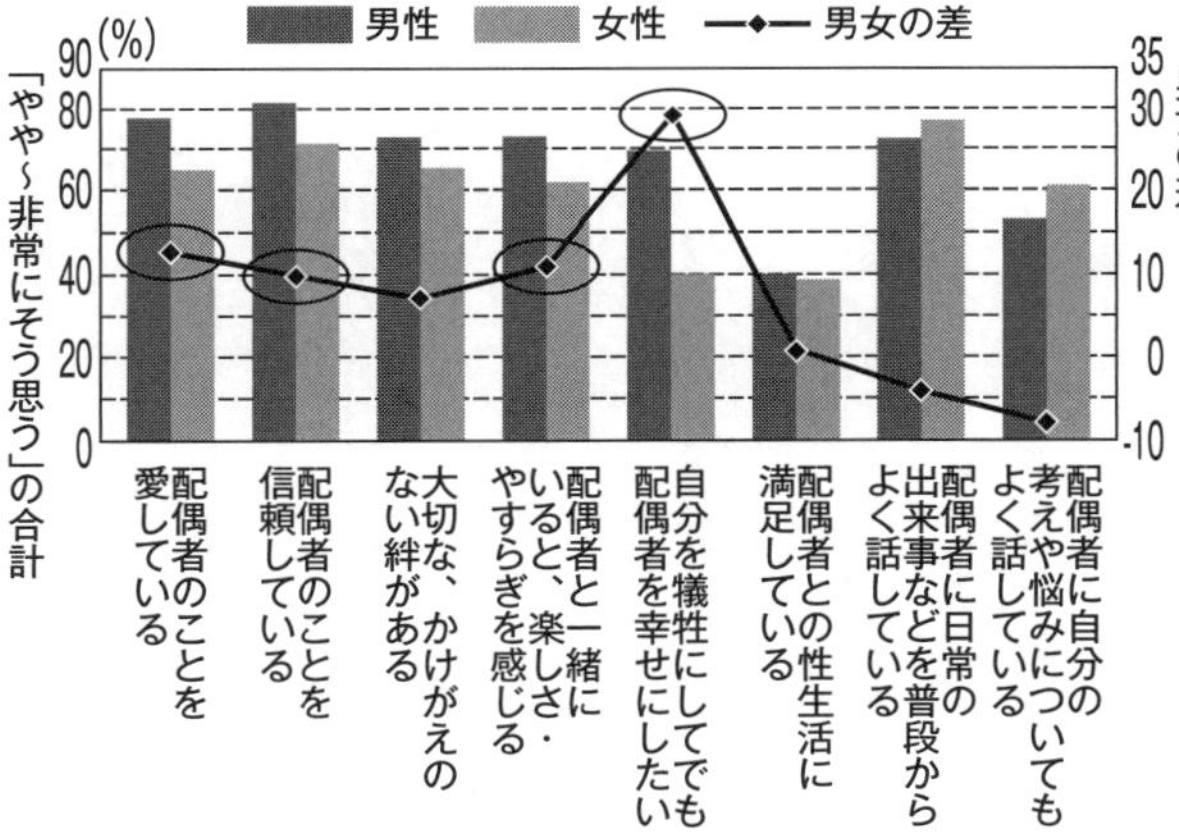

［図 5-2］**夫婦間の気持ちのギャップ**

出所：リクルートブライダル総研「夫婦関係調査2011」

30代後半から40歳前半に男女差があり、35～39歳の男性19％に対し女性は41・2％、40～44歳の男性20・9％に対し女性は55・1％となっている。セックスに積極的になれない理由のトップは男性は「仕事で疲れている」、女性は「面倒くさい」だった。

肌の触れ合いの変化に、妻が夫に死んでほしいと思っている兆候が出ているのかもしれない。

もう1つ、リクルートのブライダル総研「夫婦関係調査2011」を見よう。同調査における「夫婦の関係」についての回答で男性と女性で10ポイント以上差がある項目は、「配偶者のことを愛している」「配偶者のことを信頼している」「配偶者と一緒にいると、楽しさ・やすらぎを感じる」などで、一貫して男性のほうが高い。特に「自分を犠牲にしてでも配偶者を幸せにしたい」は、大幅に男性のほうの割合が高い（図5－2）。ここまでくると、男性が可哀そうな存在に思えてくるかもしれないが、「スタート時の気持ちのズレ」は、実は、婚姻時の姓の選択にも原因が潜んでいる。

本書に登場した多くの女性は、女性だからという理由で〝機械的に〟姓が変えられることに納得しないまま結婚している傾向がある。

影を落とす夫婦同姓の強制

社人研「第5回全国家庭動向調査」を見ると、「夫、妻とも同姓である必要はなく、別姓であってもよい」という考えに59歳以下は4～5割が賛成、60～70代でも3割は賛成している。

第一章の志穂さんは、夫の姓になると「私の名前じゃない」と強く感じ、夫の姓で呼ばれることに大きな精神的苦痛もあった。何も決められない行動力のない夫ということもあり「婚姻によって相手の姓に変わるのが嫌で嫌で仕方なかった」。今でもクレジットカードや銀行口座は旧姓のまま変えていない。

「ふだんなよなよしているくせに、男だから姓は変えたくないというのには腹が立つ」とさえ思い、「もしかして、お墓も一緒になって、その姓で入らなければいけない？」と思うと、ぞっと寒気がするという。

第二章の咲子さんの夫は、何かのきっかけで喧嘩になると、「俺は姓を山本にしたってていい」と言い始めるという。山本というのは咲子さんの旧姓だ。夫の頭の中では、「姓の選択＝一家を養う」ということらしい。だから夫は「その代わり、俺と子どもを養ってね。生活費をもつの嫌だから」と無責任なことを言う。そんなの、あと出しジャンケンだ。婚姻届を出す時に、そんなことを話し合った覚えはない。卑怯者。その時に言ってくれたら考えたのに！　と、ここでも、殺意が芽生える。

第三章で、夫の遺骨を山手線に置いてこようかと考えている葉子さんは、妻が夫の姓になることが当たり前という世代だが、夫名義でローンを組んでお墓を買った時に、強い意志をもって夫の姓である「花村家」と刻まなかった。結婚で夫の姓に変わったが、死んでまで夫の姓を名乗るものかと思うと拒否反応が出た。

「今の時代に生まれていたら、夫の姓に変えてはいなかったのではないだろうか。戻れることなら、旧姓に戻りたい」と注文したという。

夫婦同姓は永遠か?

現在、日本では婚姻届を提出して夫婦になる場合、民法の第750条によって「夫婦は、婚姻の際に定めるところに従い、夫または妻の氏を称する」と決められている。こうした、どちらかの姓を名乗ることを法により強制しているのは、先進国では日本だけとなっている。この規定を改めない日本に対し、国連の女性差別撤廃委員会からは繰り返し、法改正について勧告を発している。

氏の歴史をさかのぼると、徳川時代は一般に農民や町民には「氏」の使用は許されていなかった。それが明治3年の太政官布告で平民に氏の使用が許可され、明治8年の太政官布告で氏の使用が義務化。

明治9年は、なんと夫婦別氏制がとられ、妻の氏は「所生ノ氏」つまり実家の氏を用いることとされていた。それが明治31年になると民法(旧法)が成立して、夫婦同氏制となってしまった。まだ、女性に教育が必要とされていなかった頃の話だ。その原則は継承され、昭和22年、戦後の改正民法でも夫婦同氏制が定められたのだった(法務省ホームページより)。

長い歴史から見れば、たった118年の間の「夫婦同姓」の歴史であって、それをもって永遠に定着するようなものなのだろうか。2013年度の進学状況を見れば、今や高校への進学率は男女とも96%台、大学(学部)の進学率は男子54・0%、女子45・6%だ。女子の短大への進学率を合わせると大学等進学率は55・2%と男子と拮抗する。

さらに言えば、2013年の大卒の就職率は女性が73・4%で男性の62・3%を大きく上回っている。この状況で、婚姻届を出す際に9割以上が夫の姓となっていることへ疑問を持つ女性が増えてもおかしくはないだろう。

選択的夫婦別姓については、長年にわたってその是非が問われてきた。国はこの問題について真摯な議論をせず、2011年2月、一般市民らが弁護士団とともに、民法の夫婦同姓規定が憲法や女性差別撤廃条約に違反するとして、訴訟を起こした。

原告は、夫婦がそれぞれ氏名を保持する権利や婚姻の自由を保障されるためには、民法750条を改正して、夫婦別氏を選択できる制度が必要となるにもかかわらず、「家族の絆が壊れる」などの正当と思えない理由で長期間、この問題解決を怠っているとして、国の立法不作為を指摘。それを、憲法によって規定された個人として尊重される権利や幸福追求権（13条）、婚姻は両性の合意のみに基づいて成立し、夫婦が同等の権利を有することを基本とすること（24条）などの理念や、女性差別撤廃条約に基づく国連委員会からの勧告などに照らし、国家賠償を求めた。

裁判はまず、東京地裁が原告の請求を棄却。それでも夫婦別姓を求める運動が進み、2015年11月4日に最高裁判所の大法廷で口頭弁論が行われた。ここでは、民法750条の「夫婦別姓を認めない」とする規定と、同733条の「女性の再婚禁止期間（現在は6か月）」の規定について、初めて最高裁による憲法判断が示されると期待が高まった。しかし、12月16日に最高裁は、再婚期間については改正を認めたが、夫婦別姓については裁判官15人中5人が違憲と判断したものの、民法で同姓を定めることは違憲ではないと結論づけた。

夫婦別姓訴訟の事務局長でもある前出・打越さく良弁護士は、こう語る。

「姓と名は一体のもので、私も『打越さく良』として、友人関係から仕事まですべての関係を作ってきた。日本では姓で呼ばれることの方が多く、ことさら「氏」のほうのアイデンティティが強い。それを婚姻によって変えられることは、それを良いと思わない人にとって自分の存在自体が揺らぐほどの人格否定につながる。婚姻後の姓の9割以上が夫の姓になっているのは、ゆがんだ男性社会の現れ。この男女の不平等を是正しないと、女性差別はなくならない。いつまでも女性の立場が従属的なものとなってしまう」

朝日新聞社が2015年11月に実施した全国世論調査（電話）では、法律を改正して同姓か別姓かを自由に選べるようにする選択的夫婦別姓に「賛成」が52％で、「反対」の34％を大きく上回った。年代別では、20～50代で6割前後が賛成。60代の賛成は47％、70歳以上は同34％と年代が上がるにつれ賛成の割合が下がっていた。毎日新聞社が同年12月に行った同様の調査でも、選択的夫婦別姓に賛成は51％、反対の36％を上回っている。賛成のうち23％が夫婦で別々の名字を選ぶと答えた。ちなみに、産経新聞社とフジニュースネットワークが同年12月に行った合同世論調査でも、賛成が51・4％で過半数を占め、反対42・3％を上回っている。

これだけ意識が変化しているが、法が別姓の選択を認めない以上、実際には慣習や個々の価値観が勝ってしまい、夫婦の間に軋轢を生じさせているのも事実だ。

〝死んでほしい夫〟にならないたった1つの方法

これまで見てきたように、妻が夫に死んでほしいと願うようになる背後には、大きな社会問題がある。個々の夫婦がその高い壁を乗り越えていく必要に迫られているが、では、こうした状況を少しでも好転させるために、夫に何かできることがあるだろうか？

福岡市に事務局を置く全国亭主関白協会の取り組みに、大きなヒントがありそうだ。

名称を聞いただけでは、本書を手にとって共感した妻や女性たちにとって、一瞬、「なにぃ⁉」と思われかねないこの団体の設立は1999年。彼らに言わせれば「関白」とは天皇に次ぐ2番目の地位で、家庭内ではカミさんが天皇であるから、「関白」とは奥様を補佐する役目だそうだ。「亭主」とは、お茶を振る舞う人、もてなす人という意味もあるという。真の亭主関白とは、妻をチヤホヤともてなし補佐する役目だという考えでネーミングされたとのこと。同会のコラム記事でも、「亭主」は修行僧である。だが、修行を積んでも妻に勝てない。なぜなら、愛妻は神の領域だからだと訓示している。

夫に死んでほしいと思う妻たちの状況について、同協会の天野周一会長は、「一番、危険率が高まるのが定年退職後の『亭主』。今まで妻が我慢してきて、熟年離婚につながる。日々のストレスの積み重ねがあるため、急にバタバタと亭主が何かをしても無駄だ」とバッサリ。

天野会長によれば、日々次のような「三原則」に則って行動することから始めるのが鉄則だという。この三原則を見てみよう。

「愛の三原則」
ありがとう　をためらわずに言おう
ごめんなさい　を恐れずに言おう
愛してると　照れずに言おう

「非勝三原則」
勝たない
勝てない
勝ちたくない
争わないことが、真の勇者であり、勝者なのだ。

「とにかく、今から、しのごの言わず実践することが大事だ。亭主が変わらないと絶対に妻の気持ちは変わらない。家庭内では１００％妻が正しい。反論しても無駄な抵抗に過ぎない」と、天野会長は語気を強める。

この三原則を実践すれば、悪化した夫婦関係は下げ止まるという。亭主が自ら「ありがとう」と言えるように変われば、反転して夫婦関係は上昇していくというのだ。

何より自分が変わろうとする自覚が大切で、特に定年退職したら、自分でお昼ご飯くらいは作るのが最低限必要なことだという。ランチという奥様の天下の時間まで亭主に取られると、夫を殺したくもなる。2万5000人の会員の実践から明らかに見えることだ。生き延びる手段として、それをきちんと実行したほうがいい。そうでなければ、本当に殺されるかもしれない、と。

結婚とは何なのだろうか

そう思わせる実話が会員のなかにあったそうだ。ある会員の妻が玄関で夫を毎日見送っている。夫は、路地をまっすぐ歩いて、角を右に曲がって会社に行く。その右に曲がる寸前、夫が演技で倒れてみたら、妻はただ見ているだけで助けに来なかったという。すぐに駆け付けてしまえば、助かってしまうと思ったからだろう――。

天野会長は、夫に死んでほしいと思う妻は、実感として広義で5割くらいいるのではな

平成 新！亭主関白道段位認定基準

初段	３年以上たって「妻を愛している」人
二段	家事手伝いが上手な人
三段	浮気をしたことがない人、ばれていない人
四段	レディーファーストを実践している人
五段	愛妻と手をつないで散歩ができる人
六段	愛妻の話を真剣に聞くことができる人
七段	嫁・姑問題を一夜にして解決できる人
八段	「ありがとう」をためらわずに言える人
九段	「ごめんなさい」を恐れずに言える人
十段	「愛している」を照れずに言える人

全国亭主関白協会ホームページより

いかと見ている。そのうち２割は確実に「早く死ね！」と思っていると分析している。そう思っている妻は、本よりも生命保険の定款をくまなく見ているという。生死にかかわらない事態であっても、天野会長による独自統計から、「夫が妻から嫌われているかな、と思う５倍は実際に嫌われていると思ったほうがいい」そうだ。

では、嫌われる、死んでほしいと思われる夫の特徴はどんなものがあげられるのか。全国亭主関白協会では亭主関白について段位を示しており、参考にしたいところだ。天野氏によれば、この「平成 新!亭主関白道」（上図）を進むことができれば、まだ〝殺されない〟見込みがあるとしている。

こうした夫婦の実態から、天野会長は「内閣支持率なんて気にするより、家庭内生存率を上げることが大事だ。妻を鬼嫁にしたり、殺意を抱かせる原因は亭主にある」としつつ、「家庭のなかで妻は進化し続けているが、亭主は進化が止まっている。社会と同じ尺度で家庭内を見て上から目線の亭主。しかし実は、家庭内での序列は妻が一番上、次が子どもで、3番目がペット。亭主は4番目で一番下だと気づけば、下から目線になることができる」と指摘する。

ここまで読み進めるうちに、大いなる疑問として、「結婚とは、いったい何なのだろうか」と頭を抱えそうだ。

天野会長は、「結婚は、合わない者同士をくっつける神様のいたずら。結婚を通じて、人間としてどうあるべきか、自分を知ることに意味がある。結婚でダメになるか、人として懐が大きくなるのか分かれる」としている。

そして、前述した夫婦別姓の問題についても、夫婦別姓や同姓についての是非についてはっきり良い悪いと意見は言えないことを前提に、こう話す。

「明らかに間違っているのは、結婚して同姓になると亭主が妻を『自分のもの』と思ってしまうところ。これは人によっては潜在意識の中にもあるのではないか。交際している時は仲が良いが、姓を同じくすると仲が悪くなる。夫婦同姓には、亭主が妻を自分の所有物と思わせる側面がある」

そして、天野会長は「エンゲージリングは世界で一番小さな手錠。夫婦は赤の他人と早く気づくと、人として相手の意見を聞くことができるようになる。結婚の意義に気づいた者だけ幸せになる。賢い奥様は、自分にも当てはまると感じて『ありがとう』と言う。夫婦は人間の営みの最小単位。ここが良くならないと地域も国も長くは続かない」と話す。

「幸せ」のベースは夫婦の仲にあり、社会問題も夫婦の関係が影響しているのではないかという問題を解決すべく、全国亭主関白協会では、自分を磨いて人として大きくなることを目標にしているという。

おわりに

夫婦って、結婚って、いったい何だろう――。

筆者は考え込んでしまい、なかなか、その答えは見つからない。夫婦や男女の問題そのものは、やはり、古今東西、永遠のテーマなのだろう。

一時は愛を誓い合って結婚したはずなのに、なぜ「死んでほしい」とまで激しく憎むようになってしまうのか。

日本に限って言えば、夫に死んでほしいと妻が思うようになるのは、家事や子育てについての性役割分担の意識が根強くあり続けていることや、そこからくる男女の雇用格差が与えてきた影響が大きすぎることが、その原因なのではないだろうか。夫婦別姓の問題も根っこにあるものは同じだ。

本書では、ジェンダー（社会的性別）から見ると筆者がふだん避けているような言葉づかいが頻出することに驚かれた読者もいるかもしれない。もちろん取材対象者の発した言葉をそのまま再現したからであるが、同時に性役割分担の意識が、いかに今もなお日常的に彼女たちを苦しめているかの証しの1つだと考えたためでもある。

例えば、1975年生まれの筆者世代の親は団塊世代のあたりだが、当時、本人が望んでいなかったとしても女性が「寿退社」して夫の姓を名乗るのが当たり前だった。そして、結婚した相手に経済的に依存する生活にならざるを得なくなった。望んで専業主婦になったとしても、内助の功としての家事や育児が評価されない悩みを抱えることも多い。離婚への偏見もあった時代だ。

いったん離職してブランクができると再就職も難しい。子どもがいれば教育費もかかる。文部科学省によれば、幼稚園から大学まですべて国公立でも約769万円かかり、小・中学校は公立で他は私立だと約1280万円、すべて私立だと約2205万円かかる。母手1つで育てる自信がなくなり、離婚を決断できなくなる。その先にあるのは我慢だ。団塊世代の若い頃と比べ、今では離婚の抵抗感はだいぶ薄らいでいるものの、離婚できない経済的な構図は30~40年経ってもさほど変わっていない。

男女雇用機会均等法が施行されてから30年も経ったが、第1子の出産を機に働く女性のうち約6割が無職になっているトレンドが変わっていない。今は女性が妊娠すれば4人に1人はマタハラに遭っている。かつての「寿退社」が「妊娠解雇」あるいは「育休切り」に置き換わっただけだ。形を変えて、子をもつ女性は労働市場から退場させられる。非正社員であると、契約を更新しないことで、合法的にクビにされやすくなる。初職（最初に就いた職業）が非正社員という女性が約5割に達し、女性の非正社員比率が全体で6割に上る異常な数値を更新し、状況を悪化させている。

正社員であっても長時間労働が前提の職場では両立は無理だろうと諦め、退職する道を選ばざるを得ない状況がある。子育てしながら就業を継続できたとして、育児も家事も女性に偏りがちだ。だから、大変な思いが募っていく。育児休業を取る、育児短時間勤務に切り替えて早く帰りお迎えに行く、子どもが急な病気で仕事を調整する、それらの多くが女性だ。その結果職場では、「だから、女はあてにならない」と評価が落ちる。ノーワークノーペイの原則があり、いつまでたっても女性の賃金は抑えられたまま。それらの結果、世界的に見ても子をもつ男女の賃金格差が大きい。

経済協力開発機構（ＯＥＣＤ）では、出産によって生まれるこの賃金格差を「母親ペナルティ」と呼んでいる。２０１０年にデータの取れたＯＥＣＤ加盟国16か国で、フルタイムで働く妊娠・出産適齢期（25〜44歳）の女性の間では、16歳未満の子どもをもつ女性は、子をもたない女性に比べて男性との賃金格差が大きくなる。ＯＥＣＤ全体ではその格差が14％だが日本は最も格差が大きく、子どもがいる場合の格差は61％となる。女性が子どもを連れて、ひとり親になれば、とたんに貧困に陥ってしまう。

たとえ、やりがいのある仕事に就いた女性であっても、労働環境は厳しく離職が激しい。公立学校の教員の５人に１人が月１００時間以上の残業をしている（２０１２年、全日本教職員組合）。夜勤や人手不足から看護師の８割が辞めたいと考えている（日本医療労働組合連合会）。保育士は保育園の民（私）営化が進んで低賃金・長時間労働を強いられている。２０１３年の保育士の離職率は公立では７・１％だが、私営では12％となっている。私営の経験２年未満は17・９％に上る（厚生労働省）。施設で働く介護職の離職率も17・７％と高い（介護労働安定センター）。

かねてより女性が活躍してきた専門職は、「この仕事がしたい」という意志をもって勉強し、試験に合格してなるもので、その離職の意味は一般企業の離職より重大だ。

どこに女性が経済的自立を求めても難しい状況――。

だから、結婚してから離婚を考えた時、離婚より〝おいしい制度〟の遺族年金が脳裏をよぎるのだろう。本文では書ききれなかったが、警察官や消防士などが殉職すると手当が厚く、「友人が〝夫に殉職してほしい〟と言っている」というような声もあちこちから聞こえた。警察官や消防士が公務中に殉職すると、遺族に「賞じゅつ金」がそれぞれ最高6000万円、3000万円支給されるなど保障が手厚い。婚活パーティでも人気があり、実際、男性の参加者を「警察官・消防士」に限定するパーティも行われているくらいだ。

ただ、こうした夫が死亡する前提の夫婦関係を望むより、対等である関係を築いたほうが前向きではないか。今の日本の雇用で必要とされるのは、男女や正社員・非正社員の別を問わず、同一労働同一賃金を実現し、ひとり親でも子育てできる水準と言われる年収400万円を目指していくことではないだろうか。そして、核家族化が進んだなかで子育て制度が脆弱なままでは、やはり夫婦の安寧は保たれない。

筆者が本書の原稿を執筆中は、保育園の2016年4月入園の審査の結果が出て、「保育園落ちた日本死ね!!!」という匿名ブログが大反響を呼び、国会でも取り上げられるほどだった。

そこに待機児童の影に隠れた、女性の雇用の真の問題が見える。保育園が共働きの世帯のための施設であるにもかかわらず、そこに現れるのは、多くが「母親」だ。医学的な妊娠適齢期に当たる25〜34歳の女性の非正規雇用比率は約4割と高い。そのうち、実際に育児休業を取った人を知るには、育児休業給付金の初回受給者数を見ることになるが、給付金の受給者数は正社員も含めて2014年度が27万4935人で、そのうち期間雇用者（非正社員）は9231人と1万人を切る。非正社員は全体のわずか3％程度しか育児休業を取得していないのが現状で、育児休業制度から零れ落ちる女性が多く、0歳からの保育ニーズが増えていく。ところが、出生人口に対する認可保育園の1〜2歳の保育所利用率は約4割だが、0歳は約1割。待機児童の受け皿を作るはずの自治体の多くは「子どもが0歳のうちは育児休業制度を利用してもらう立場だから、1〜2歳の定員は増やすけれど0歳は増やさない」と口を揃えるが、実は、0歳の保育のコストがかかるから作りたくないというのが本音だ。

さらに、雇用保険からなる育児休業制度はそもそも自営業には当てはまらない。すると、ここでも0歳保育のニーズが多いことになる。就業構造基本調査（2012年）では、女性のうち20〜49歳の自営業は46万2500人、家族従事者は22万5100人いる。この約70万人も育休制度から除外される。自営業などは時間に融通が利きやすいと行政は判断するが、実際には自分以外に代わりの利く人員がいないため、実は保育ニーズはサラリーマン家庭より高いケースもある。働く側の実情と保育政策が一致せず0歳保育が少ないため、雇用を奪われる女性が後を絶たない。その怒りの矛先がやがて夫にも向かってしまう。

産前産後休業は正社員でなくてもすべての労働者に認められており、本来は育児休業も、そうすべきではないか。現在、非正社員でも条件つきで育児休業が取れるが、それは逆に、法の下で雇用形態による乳児期育児の権利の差別を認めていることになる。そして、男性の育児休業取得率がきわめて低いことも、男性から子育てする権利を奪い、子どもが父親から育ててもらえる権利をはく奪していることを意味する。ここから抜本改革をしなければ、企業や社会の意識は変わらない。

世の中の男性の意識は、本当は、大きく変わっている。妻と大切な時間を楽しく過ごしたい、家事や子育てを一緒にしていきたいと思う男性が増えている。職場環境が男性の家事や育児をする時間を少なくさせることが、妻から「死んでほしい」と思われる夫になる不幸の始まりとなる。妻が物恨むことない夫婦の安定には、第一に、職場の意識が変わり、男女とも働きやすくなることが先決だ。

最初の問いかけに戻ろう。

「遠くて近きは男女の仲」というが、それにしても、いったい、夫婦とは何なのか。人間の意思を超えたところで決まるという「出雲の神の縁結び」なのだろうか。第三章で登場する美容師の葉子さんが印象的だ。あれだけ夫に死ねと連発していても、「死ぬまで働けというのは死ぬまで一緒にいてほしいということなのかもしれない」と言う。そのあたりに、何かヒントがありそうだ。

こうした一見、サブストーリーで終わり埋もれてしまう妻たちの私憤を公憤として捉えて一冊の本にしてくれた朝日新書編集部の星野新一さんに感謝し、この問題の答えを今後も探っていければと思う。

2016年3月

小林美希

小林美希　こばやし・みき
1975年茨城県生まれ。水戸第一高校、神戸大学法学部卒業後、株式新聞社、毎日新聞社『エコノミスト』編集部記者を経て、フリーのジャーナリスト。若者の雇用、結婚、出産・育児と就業継続（マタハラ）などの問題を中心に取材・執筆している。2013年、貧困ジャーナリズム賞受賞。著書に『ルポ　産ませない社会』（河出書房新社）、『ルポ 保育崩壊』（岩波新書）など。

朝日新書
561
夫《おっと》に死《し》んでほしい妻《つま》たち

2016年4月30日第1刷発行
2025年4月20日第3刷発行

著　者　小林美希

発行者　宇都宮健太朗
カバーデザイン　アンスガー・フォルマー　田嶋佳子
印刷所　TOPPANクロレ株式会社
発行所　朝日新聞出版
〒104-8011　東京都中央区築地5-3-2
電話　03-5541-8832（編集）
03-5540-7793（販売）

Published in Japan by Asahi Shimbun Publications Inc.
ISBN 978-4-02-273661-1
定価はカバーに表示してあります。

落丁・乱丁の場合は弊社業務部（電話03-5540-7800）へご連絡ください。
送料弊社負担にてお取り替えいたします。